奈良文化財研究所研究報告　第30冊

第24回 古代官衙・集落研究会報告書

古代集落の構造と変遷1

序

　奈良文化財研究所では、1996年から古代官衙と集落に関する研究集会を継続して実施してきました。この研究集会は、律令国家に関連する様々な遺跡（遺構・遺物）を対象として毎年一つのテーマを設定し、全国の官衙や古代集落に関心のある考古学・文献史学・建築史学・歴史地理学など諸分野の研究者が一堂に会し、学際的な観点から熱い議論を交わす場となっています。

　今回から「古代集落を考える」と題するシリーズを立ち上げ、古代集落を対象として複数回に分けて議論を重ねることとしました。古代集落は遺跡数も多く、膨大な発掘調査の蓄積があります。集落遺跡の検討を通じて、律令国家における在地社会の実像を明らかにすることにより、都城、集落のみならず両者を結ぶ地方官衙の有機的な関係の解明に繋がり、律令国家や古代社会の歴史的特質を明らかにできるものと考えられます。

　昨年度の第24回研究集会では、現在の集落研究の到達点を確認するとともに、「集落構造」をキーワードとして、近年調査が進められてきた集落遺跡を対象として研究報告と討議がおこなわれ、有意義な成果をあげることができました。

　新型コロナウイルスの感染拡大の影響により、残念ながら研究集会の日程を短縮し、オンラインでの参加をお願いするなど様々な制約がある中での開催となりましたが、それでも多くの方々に参加いただきましたことに対し厚く御礼を申し上げます。

　この度、その研究成果をまとめた研究報告が完成し、皆様にお届けできる運びとなりました。本書の執筆に当たられました研究報告者をはじめ、研究集会に参加された皆さまに深く感謝申し上げるとともに、本書が広く活用されることを期待しております。

　今後とも、古代官衙・集落研究会の活動に対して皆様のご支援とご協力を賜りますようお願い申し上げます。

2021年12月

独立行政法人国立文化財機構
奈良文化財研究所長

本中　眞

目　次

例　言

1　本書は、令和2年(2020)12月12日、奈良文化財研究所大会議室において開催した古代官衙・集落研究会の第24回研究集会「古代集落の構造と変遷(古代集落を考える1)」の報告書である。

2　本研究集会は、馬場基(都城発掘調査部史料研究室長)、林正憲(都城発掘調査部主任研究員)、小田裕樹(都城発掘調査部主任研究員)、大澤正吾(都城発掘調査部考古第二研究室研究員)、清野陽一(飛鳥資料館学芸室研究員)が企画・担当し、松村恵司(当時:奈良文化財研究所所長)、箱崎和久(都城発掘調査部長)の助言を得て開催した。なお、新型コロナウイルス感染拡大の影響により、オンラインを併用し開催した。参加者は、地方公共団体職員・研究者等計123名であった。

3　本書は、「Ⅰ　報告」と「Ⅱ　討議」の2部構成からなる。Ⅰは、研究集会における発表内容と検討成果をふまえて新たに加筆修正された論考を収録し、Ⅱには、討議の記録を参照しながら小田が整理し、収録した。

4　本書における表記は『発掘調査のてびき(集落遺跡編、整理・報告書編、各種遺跡調査編)』(文化庁文化財部記念物課2010・2013)に準拠し統一を図った。ただし、著者の意図を尊重し、表記を統一しなかった部分がある。

5　本書の編集は馬場・林・小田・大澤・清野の協議の上、小田が担当した。また、編集および本文の校正にあたり野口成美、山川貴美、北野智子の助力を得た。

開催趣旨

　近年、古代集落の消長と分布についての整理が進み、集落遺跡の発掘調査成果にもとづいた地域社会における各集落の動態があきらかになりつつある。この研究の進展をふまえ、今後は個々の集落遺跡内部において各遺構、出土遺物の様相整理と空間構成をはじめとする集落構造の変化をあきらかにすることにより、在地社会における生活様式や集団編成原理の変化とその歴史的背景に関する議論を進める必要がある。

　このような研究の現状をふまえ、本研究集会では古代集落を複数回にわたって取り上げたい。第一回目となる今回は、先行研究で示されてきた古代集落の類型・モデルを整理し、各地域の代表的な集落遺跡の調査成果により検証することで、集落研究の現状と課題を共有したい。

　集落構造の変遷と画期についてあきらかにすることは、在地有力者層の勃興や居住集団の移動など居住域の変化における内的・外的要因をあきらかにすることであり、律令体制の成立・展開にともなう在地社会の変容や地方末端支配機構の位置づけを鮮明にする上でも重要な研究視点である。古代集落の実態解明に向けて全国の古代官衙・集落遺跡を調査する研究者と活発な議論をおこないたい。

プログラム

2020年12月12日（土）
於：奈良文化財研究所　大会議室

9：00 ～ 9：30　オンライン開場・事務局からの連絡

9：30 ～ 9：50　開会挨拶・趣旨説明

9：50 ～ 11：00　**古代集落の諸類型 — 集落研究の現状と方向性 —**

道上祥武（奈良文化財研究所）

11：00 ～ 12：00　**島名熊の山遺跡の構造と変遷**　　清水　哲（茨城県教育財団）

12：00 ～ 12：50　〈昼食・休憩〉

12：50 ～ 13：50　**京都府における集落の構造と変遷**　桐井理揮・名村威彦

（京都府埋蔵文化財調査研究センター）

13：50 ～ 14：50　**駿河国富士郡における集落の構造と変遷**

藤村　翔（富士市市民部文化振興課）

14：50 ～ 15：00　〈休　憩〉

15：00 ～ 16：30　**討　論**

16：30 ～　　　　閉会挨拶

I 報　告

古代集落の諸類型
―集落研究の現状と方向性―

道上祥武 （奈良文化財研究所）

Ⅰ　はじめに

　古代官衙・集落研究集会では、2020年12月、「古代集落の構造と変遷」(古代集落を考える1) として研究集会を開催した。近年、古代集落遺跡の分布や消長の分析が盛んにおこなわれており、畿内地域を中心に集落遺跡の動態変化がかなり明瞭になってきている。本企画はそうした現状をうけて、古代集落の構造解明を目標として掲げた。古代集落の具体的な構造と変遷をあきらかにすることは、古代の集落景観を復元するだけでなく、中央の動向に注視されがちな古代社会の形成と変容を、地域社会の視点から実態を踏まえてとらえ直すことにつながる。

　Ⅱ章で触れるように、古代の集落構造の復元とそれにもとづく集団編成原理の解明は、元来、古代集落研究における本質的な問いであった。しかし、こうした取り組みは90年代以降、一部の分析を除くとほとんど進められていない。それは、集落遺跡が全国・全時期を通して普遍的に存在し、事例があまりに膨大であること、それゆえに多種多様であり、統一的な把握が困難であること、広く面的に調査した良好事例が少ないことなど、古代集落遺跡のもつ基本的性質に起因するところが大きい。こうした実情は、調査・研究技術が発達した現在でも同様であり、できるだけ多くの分析事例を集めて、具体的な情報を蓄積していくほかはない。ただし、そこには膨大な作業量が予想されるため、本企画は複数年度にわたる取り組みを前提としている。

　本稿は、古代集落遺跡研究を進めていく上での現状の課題と今後目指されるべき方向性、その具体的な分析手法や視角の共有を目的とする。まず第1に、古代集落遺跡研究史を振り返り、現状の課題と本企画の目標の明確化を図る。第2に、広瀬和雄の古代集落分類を取り上げ、古代集落構造の把握方法について再検討をおこなう。第3に、畿内の古代集落遺跡について若干の分析をおこなう。

Ⅱ　古代集落遺跡研究史

　本章では古代集落遺跡の研究史を振り返る。周知のとおり、古代集落研究は考古学諸分野でも厚い研究史の蓄積をもつ分野の一つであり、その研究史を網羅的に取り上げるには紙幅が足りない。したがって、本企画の趣旨に則り、古代集落遺跡の特に遺構の分析に関わるものを中心に、これまでの研究動向の把握に必要なものを取り上げた。そのため、きわめて限定的な研究史整理となっているが、本企画における役目は十分果たしているものと考える[1]。

　上記の方針にもとづいて研究史をまとめたものが図1である。古代集落遺跡の主要な研究成果とその流れ、画期となった調査、関連分野の動向を示している。古代集落遺跡研究は、その手法から「集落構造分析」「集落動態分析」に大別が可能であり、その内容は、概ね以下のようにまとめられる。

集落構造分析：集落遺跡を構成する竪穴建物・掘立柱建物の規模や構造、配置の分析を中心に、耕作地や区画施設などを含めた集落景観の復元と居住集団の編成原理を論じる。個々の集落遺跡を主な分析対象とする。

集落動態分析：集落遺跡の消長、分布、立地とその変遷に着目し、これらが大きく変容する「画期」をとらえる。あらゆる「画期」の分析を通じて、その背景にある歴史的動向や環境変化といった、社会変化を論じる。広範囲かつ複数の集落遺跡を主な分析対象とする。

　これはあくまで大別だが、各時代において集落の構造と動態、どちらが重視されてきたかに注目して、

研究史を振り返っていく。

（1）第1段階 — 古代集落遺跡研究の黎明

　古代集落遺跡研究の歴史は古く、戦後間もない和島誠一の研究にさかのぼる（文献117・118）。和島は縄文時代から古代の貝塚・集落遺跡を分析し、個々の竪穴建物を世帯、複数の竪穴建物による小集団を後の郷戸、さらに、その集合である集落遺跡を後の里につながるものと論じた。和島集落論は当時の古代家族論を前提としている側面が大きいが（文献7・93）、集落遺跡を「竪穴の小集団」による複合体とみる、現在にも通じる視点をすでに示している。その後、近藤義郎や都出比呂志は和島集落論を引き継ぎ、治水・灌漑にもとづく共同体論を展開する（文献44・67）。資料が少ない理論先行の時代ではあるが、古代集落遺跡研究の黎明は集落構造分析であったといえる。

（2）第2段階 — 集落構造分析の展開

　1970年代後半には、開発の増加とともに関東を中心に古代集落遺跡の調査事例が急増する。千葉県東金市山田水呑遺跡、同八千代市村上込の内遺跡など、丘陵上の集落を広く調査した例が多くみられ、報告書でその変遷を含めた集落構造の考察がおこなわれている（文献97）。

　この頃から西日本でも古代集落遺跡研究が本格的に開始される。原口正三は大阪府内の集落遺跡について、古墳時代後期から古代・中世の集落構造の変遷を論じた（文献82）。また、広瀬和雄は当時、西日本の古墳時代集落について類型化を試みている（文献88）。集落遺跡を「単位集団」による組み合わせで類型化する広瀬の方針は、後述する古代集落遺跡の分類とほぼ共通する。異なる視点からの研究として、小笠原好彦は西日本の掘立柱建物集落遺跡の考察をおこなっている（文献23）。この段階には集落構造の詳細な分析が活発に進められた。その背景には、良好な調査事例が増えたという現実的な理由に加え、第1段階にみられた理論先行の集落研究から、より実証的な研究を、という意識があったとみられる。

　集落構造分析が進展する傍ら、集落動態分析もこの段階から始まっていく。能登健は赤城山南麓の集落遺跡の立地、消長をまとめており、居住域の変化と耕地の拡大が一体的に進行することを論じている（文献77）。高橋一夫は「ある一定の時期に突如出現し、ある一定の時期に突如消滅していく大型集落」について、直木孝次郎による「計画村落」の概念を適用させて論じた（文献61・71）。当時の高橋の考え方の背景には、山田水呑遺跡の調査成果とその考察による影響も大きい。

　また、この段階には文献史学の研究者による村落研究が多くみられる。鬼頭清明、吉田孝、森田悌などの研究があり、中でも鬼頭清明は集落構造について深く言及している（文献29）。鬼頭は東国の古代集落が集落全体で倉を共有している点を取り上げ、畿内地域に比べて、東国の集落では集落内小集団（竪穴住居の小グループ）の独立性が低いことを指摘する。鬼頭が挙げた中田遺跡の事例は、その後、都出比呂志によって否定されている（文献68）。しかし、集落全体で共有する倉庫の存在については、一考の余地があるように思われる。

　以上、70年代後半から80年代初頭には、古代集落遺跡研究の地域、分野、方法が大きく展開した。黒崎直は当時、集落研究の課題に「個々の集落跡やそれを構成する個々の住居跡の分析を基本に、人間集団の営みを具体的に復原すること」を第一に挙げている（文献32）。分析の幅は展開したが、集落構造分析がなお集落研究の中心であった。

（3）第3段階 — 古代集落遺跡研究の動揺

　こうした状況が大きく変化する契機は、群馬県子持村（現渋川市）における黒井峯遺跡の発見である。黒井峯遺跡の具体的な内容は割愛するが、火山灰層に覆われた集落遺跡が発掘され、多様な住居形態や関連施設の存在があきらかになった（文献4・5）。黒井峯遺跡をはじめとする災害遺跡の発見によって重要な成果が得られた一方、建物群の分布・方位、出土土器の検討にもとづく従来の集落遺跡研究（構造分析）の信頼性に大きな動揺が生じることとなった。こうした雰囲気は、当時の研究会や雑誌の特集からも読み取ることができる（文献13）。第2段階から続く研究手法の模索に加えて、黒井峯遺跡の発見が与えた影響は大きく、1980年代後半以降は集落動態分析が主体となっていく。その中で集落動態と王権の関わりを積極的に論じる研究も現れてくる（文献10）。

（4）第4段階 — 古代集落遺跡研究の総合期

　1990年前後は構造分析が主体だった昭和の古代集

落遺跡研究の到達点といえる。古代集落に関する研究会や雑誌の特集が多く組まれており、既往の研究成果をまとめた書籍も出版された（文献69）。後述の広瀬和雄の論文を含む国立歴史民俗博物館研究報告には出土文字資料の成果も含んだ、古代集落に関する多様な論考が掲載されている（文献38）。また、千葉県立房総風土記の丘で開催されたシンポジウムでは実際の分析作業はもちろん、黒井峯遺跡発見以後の古代集落研究をどう進めていくか、現在に通じる重要な提言が多数なされている（文献65）。

黒井峯遺跡、西組遺跡、中筋遺跡など災害遺跡を対象に積極的な分析がなされた一方（文献55・60）、その他の集落遺跡に関する構造分析はこれ以降、ほぼみられなくなり、集落研究の中心は動態分析へ移っていく。2000年代は比較的集落遺跡研究が少なく、90年代研究動向の延長としてとらえておく。

（5）第5段階 ― 2010年代の古代集落遺跡研究

2010年代から現在、集落動態分析は大きく飛躍する。埋蔵文化財研究集会、古代学研究会の活動によって、畿内地域の集落動態はほぼ網羅的に整理された（文献41・42・96）。細かな認識の差はあるが、消長や分布が大きく変化する画期が存在し、その画期が弥生から古墳、古墳から古代といった大きな社会変化とリンクすることはほぼ共通理解になりつつある。

一方、地方官衙遺跡の調査によって出土文字資料の事例とその分析が進み、文献史学と考古学の協同が改めて期待されている。領域の把握や地域における支配構造の実態は、文献史学でも重要視されているが、実際の集落構造にはまだ踏み込めていない。

Ⅲ　古代集落遺跡研究の課題

本企画の課題として以下の3点を挙げる。

（1）再び集落構造分析を

古代集落研究の停滞が叫ばれて久しく、「集落研究の停滞」は当該分野の枕詞となっている。しかし、今回振り返ったように、古代集落研究は継続的におこなわれてきた。特に、ここ10年の動態分析の進展は目覚ましい。それでもなお、古代集落研究は停滞していると評価され、実際にそういう印象を払拭できていない。その理由は、集落遺跡の調査事例が増加

し、動態の整理が進む一方、古代集落の具体的構造がいつまでもみえてこないというギャップにあると考える。かつては古代集落研究の中心だった構造分析は際限のない資料の増加と画期的な調査事例の出現により、後景に退いている。

1989年の房総風土記の丘のシンポジウムで同様の指摘があるように、「奇跡的」な良好事例の分析だけでは不十分である。良好事例は受け止めつつ、その良好事例の存在形態がその他の集落にどこまで敷衍できるかという検討がおこなわれるべきである（文献98）。そのためには、多くの集落遺跡が資料化され、具体的な情報が蓄積されている必要がある。遺構の同時性の認定基準など、集落遺跡のもつ資料的な困難は70・80年代も現在も変わりないが、それでも具体的な集落構造を提示し、相互に検証を重ねていく地道な基礎的研究こそが、集落構造分析を前進させる唯一の方法であろう。

（2）動態分析と構造分析の融合

畿内地域の集落動態に関しては古代学研究会による取り組みがあり、鈴木一議・中野咲らは6世紀後半〜7世紀前半を中心に、集落立地や消長が変化する画期を指摘する（文献57・58・74）。その他、関東や九州など各地で集落動態の把握が進んでおり、畿内地域との差異もあきらかになってきている（文献6・17・86）。ただし、こうした集落変動と集落構造の相関関係については、これまでまだ十分な検討はなされていない。

また、集落変動の要因もさらに考えなければならない。中野咲が指摘するように、古墳時代から古代の集落立地の変化について、交通や生産といった、耕地開発に限定されないあらゆる要因が想定される（文献74）。筆者はかつて古代畿内地域において耕地開発を背景とする王権主導の集落再編成があった可能性を論じたが、実態面の検証はなお不十分であった（文献101）。集落構造の変遷をとらえた上で集落動態の変化を改めて検証することで、集落研究は新たな段階へと進むことができるだろう。

（3）関連領域との連携

古代集落の構造、景観を考えるには建物の分析だけでは不十分で、耕作地などの生産域を含んだ景観を意識した検討が必要である（文献30）。また、道路や

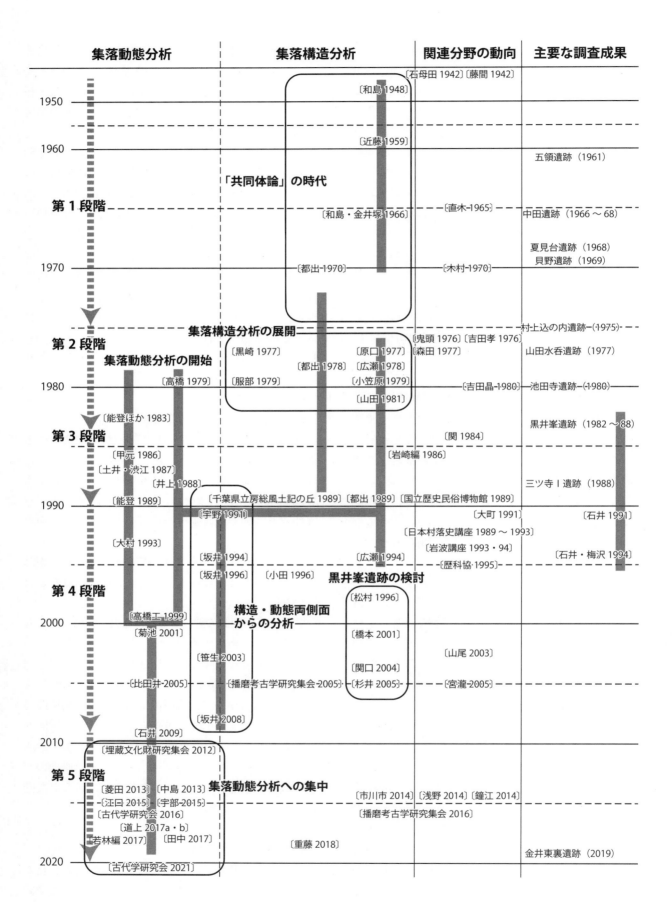

図1　古代集落遺跡研究の流れ

寺院、周辺地形も含んだ周辺環境にも目を配る必要がある。こうした分析には歴史地理学や関連諸領域との協同が欠かせない。

　特に、本企画は古代集落を取り上げている以上、やはり文献史学との協同を目指したい。文献史学による村落研究史の論評は筆者の力量を超えるが、1970年代後半には積極的な議論があり、そこでは当時の考古学的成果が取り上げられていた。しかし、現在そうした議論はほぼなく、年々積み重ねられる調査成果を新たに取り上げた文献史学の研究成果はほとんどみられない。黒井峯遺跡などを除くと考古学と古代史の協同は不可能という意見もあるが（文献110）、こうした現状は考古学側で古代集落遺跡の資料化と具体的な集落像の構築が十分に進められてこなかったことも要因の一つであろう。具体的な集落像を構築した上で、改めて文献史学との協同を図りたい。

Ⅳ　古代集落モデルの再検討

　広瀬和雄は「畿内の古代集落（以下、歴博論文）」（文献90）の中で、畿内の古代集落遺跡とそれを構成する建物群の分類をおこなっている。本章では、集落構造分析を進めていく手がかりとして、広瀬の古代集落分類の再検討をおこなう（以下、広瀬分類）。広瀬は歴博論文の中で畿内の古代集落について、以下の特徴を挙げている。

- ・構造：2〜4の建物群によって形成される。単独の建物群で構成される集落はあるが、5つ以上の建物群が集合する集落は認められない。
- ・立地：古墳時代の集落に比べ、段丘面や氾濫原、丘陵部など多様な立地を示す。特に洪積段丘面に広く展開していく。
- ・成立と廃絶：6世紀末・7世紀初頭に古墳時代集落の消滅と新規集落の出現が集中する。
- ・消長：①長期型（200年強）・②中期型（100年前後）・③短期型（50年程度）がある。7〜9世紀の集落は①が多いが、集落を構成する建物群自体は20年未満の短期間で変化する。

　ここでは集落構造に関する部分に注目する。広瀬は古代集落を複数の「建物群」による集合ととらえている。「建物群」は同時期に存在した竪穴建物または掘立柱建物の集合であり、建物群をその構成要素によって類型化し、その建物群の組み合わせで、古代集落を分類している。今回、歴博論文で示された分類基準と事例にもとづいてそれぞれを図化した。

（1）広瀬分類 — 建物群 （図2・3）

　建物群はまずⅠ〜Ⅲ型に分類される。

　　Ⅰ型：首長層の居宅。区画施設をもつ大型建物群で、区画の様相や建物群の内部構成で細分される。

　　ⅠA型：防御を考慮した閉鎖的な区画施設をもつ。区画面積は多様で比較的広い。倉庫群を備える。建物配置の企画性は薄い。

　　ⅠB型：開放的（象徴的）な区画施設をもつ。南面する東西棟大型（庇付）建物を主屋とする官衙風建物配置を構成する。尺度を用いた設計にもとづく整美な建物群。倉庫群をもたない。

　いわゆる「首長居宅」であるⅠ型建物群は、8世紀初頭を画期に、古墳時代からの系譜を引くⅠA型から古代的なⅠB型に移行するとされる。広瀬はⅠB型居宅における「官衙的建物配置」の成立をもって「官人首長」の出現を論じており、ⅠA型には大阪府太子町伽山遺跡（6世紀後半）、ⅠB型には同和泉市池田寺遺跡11B期建物群（9世紀）を挙げる。

　　Ⅱ型とⅢ型は一般集落を構成する建物群である。倉の有無と数、建築様式、規模で細分される。

- Ⅱ型：倉をふくむ建物群
  - Ⅱ1型：複数の倉をもつ
    - Ⅱ1A型：格差のある掘立柱建物
    - Ⅱ1B型：竪穴建物のみ
  - Ⅱ2型：1棟の倉をもつ
    - Ⅱ2A型：格差のある複数の屋（住居）
      - Ⅱ2Aa型：掘立柱建物のみ
      - Ⅱ2Ab型：掘立柱建物＋竪穴建物
      - Ⅱ2Ac型：竪穴建物のみ
    - Ⅱ2B型：均質な複数の屋
    - Ⅱ2C型：1棟の屋
- Ⅲ型：倉をふくまない建物群
  - Ⅲ1型：複数の屋で構成
    - Ⅲ1A型：格差のある複数の屋
      - Ⅲ1Aa型：掘立柱建物のみ

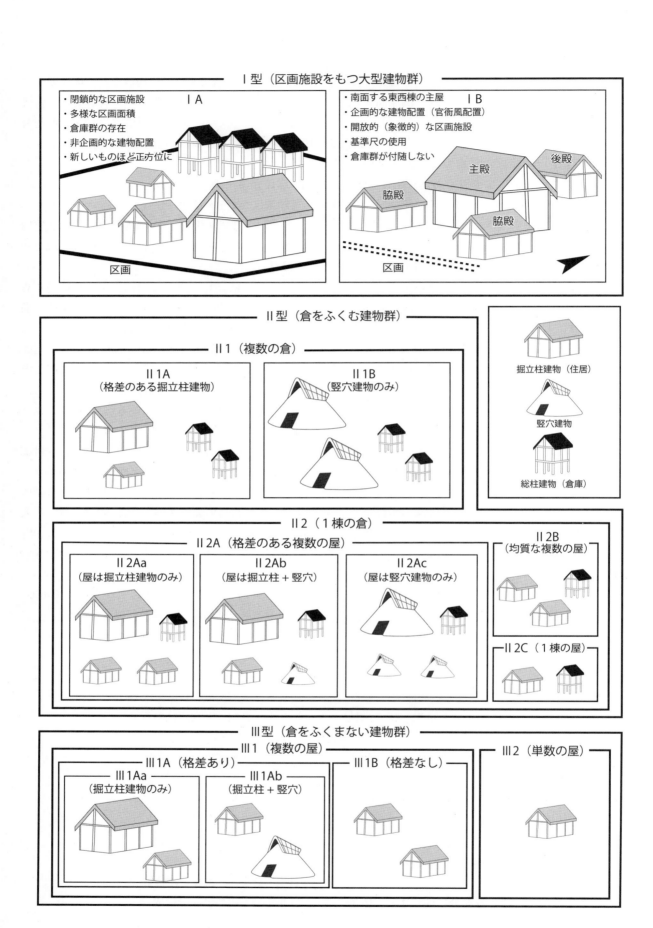

図2　広瀬和雄による建物群分類（模式図）

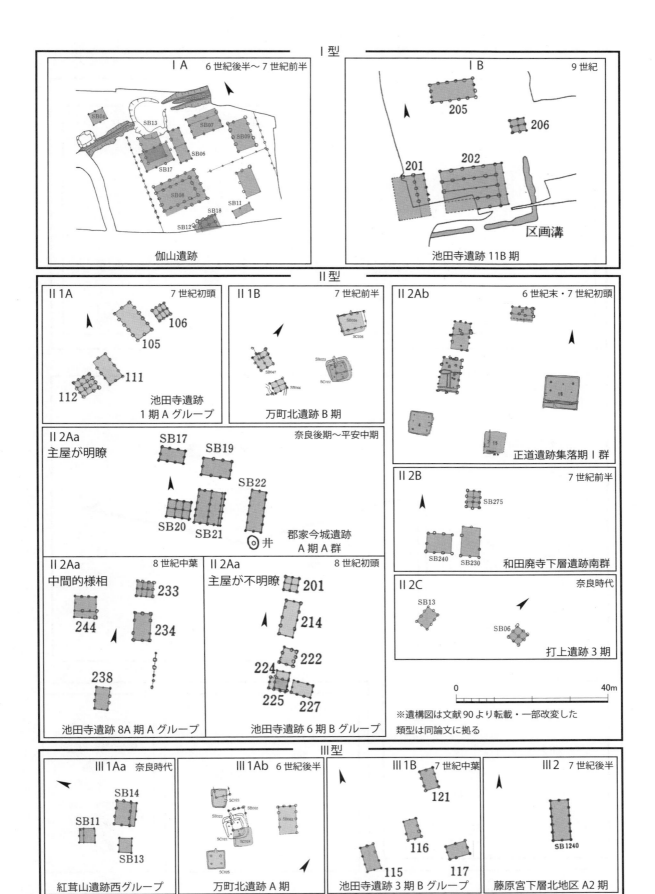

図3　広瀬和雄による建物群分類（遺構図）　1：1000

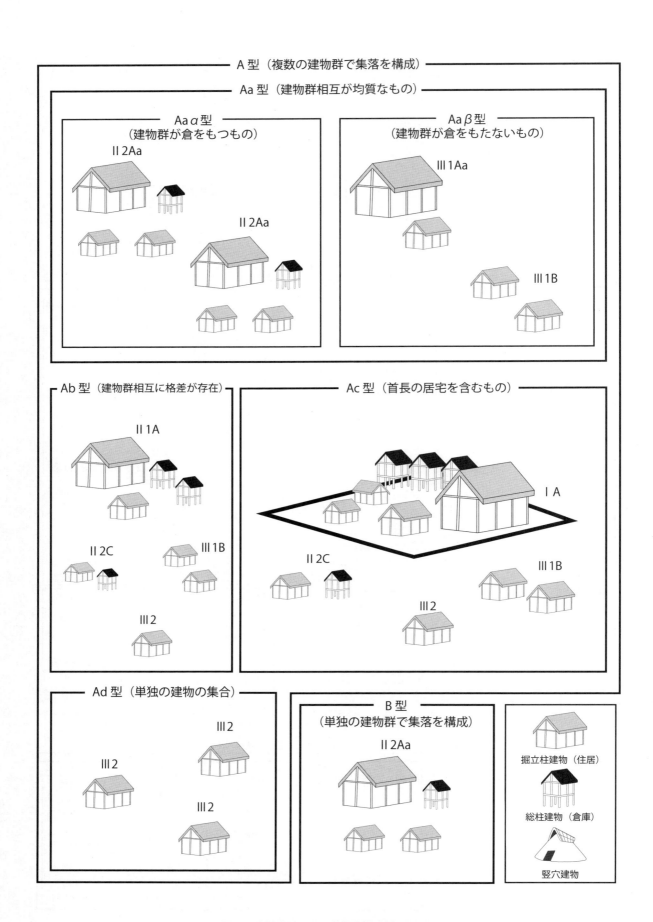

図4　広瀬和雄による集落遺跡分類（模式図）

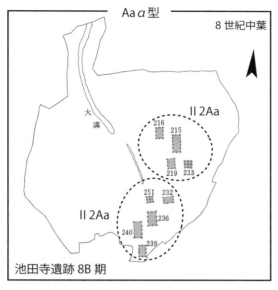

Aaα型
8世紀中葉

II 2Aa

II 2Aa

池田寺遺跡 8B 期

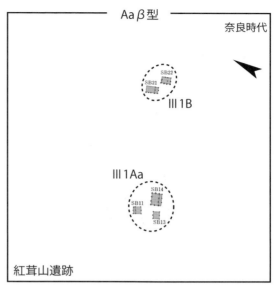

Aaβ型
奈良時代

III 1B

III 1Aa

紅茸山遺跡

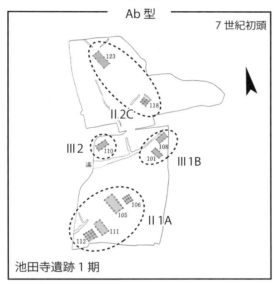

Ab 型
7世紀初頭

II 2C

III 2
III 1B

II 1A

池田寺遺跡 1 期

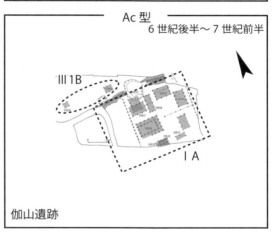

Ac 型
6世紀後半～7世紀前半

III 1B

I A

伽山遺跡

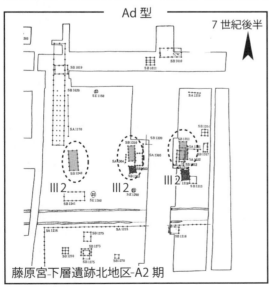

Ad 型
7世紀後半

III 2
III 2
III 2

藤原宮-下層遺跡北地区-A2 期

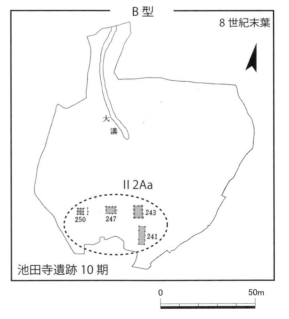

B 型
8世紀末葉

大溝

II 2Aa

池田寺遺跡 10 期

0   50m

遺構図は文献 90 より転載・一部改変した。類型は同論文に拠る

図 5　広瀬和雄による集落遺跡分類（遺構図）　1：2000

Ⅲ1Ab型：掘立柱建物＋竪穴建物
Ⅲ1B型：均質な複数の屋
Ⅲ2型：1棟の屋

　Ⅱ型は倉をふくむ建物群で、倉の数によってⅡ1型、Ⅱ2型に分類される。広瀬分類における「倉」は「多くは正方形を呈し、各柱筋に束柱をもったいわゆる総柱建物」が基本である。ここから建物群内部に格差があるものをそれぞれⅡ1A型・Ⅱ2A型、均質な建物群をⅡ2B型、1棟の屋と倉が独立しているものをⅡ2C型とする。複数の倉をもつ竪穴建物による集落がⅡ1B類とされるが、畿内地域では類例は少ない。広瀬分類における建物間格差は建物の面積・形式による格差であり、大型の建物ほど優勢となる。Ⅱ2A型に住居様式による細分が加わり、掘立柱建物のみのものがⅡ2Aa型、両者が共存するものがⅡ2Ab型、竪穴建物のみのものがⅡ2Ac型である。掘立柱建物と竪穴建物については前者が優位となる。畿内では掘立柱建物が広く普及するため、Ⅱ2Ac型の類例は挙げられていない。
　倉をもたないⅢ型のうち、複数の屋で構成される建物群がⅢ1型、1棟が独立するものがⅢ2型である。以下はⅡ型とほぼ同様の建物間格差と住居様式による分類である。

（2）広瀬分類—集落 (図4・5)
　広瀬の定義における集落は「いくつかの建物群のルーズな結合」であり、複数の建物群によるA型集落と単独の建物群によるB型集落がある。

A型：複数の建物群で構成される集落
　Aa型：建物群相互が均質な関係にあるもの
　　Aaα型：Ⅱ型建物群で構成
　　Aaβ型：Ⅲ型建物群で構成
　Ab型：建物群相互に格差がみられるもの
　Ac型：首長居宅（Ⅰ型建物群）をふくむもの
　Ad型：単独の建物が複数集まったもの
B型：1つの建物群で成立する集落

　A型集落は均質な建物群で構成されるAa型、建物群間に格差をもつAb型、Ⅰ型建物群（首長居宅）をふくむAc型、単独の建物（Ⅲ2型建物群）の集合で構成されるAd型に分類される。Aa型集落は、倉をもつⅡ

型建物群で構成されるAaα型、倉をもたないⅢ型建物群で構成されるAaβ型に細分される。図4は広瀬の挙げた事例（図5）にもとづいて作成したが、集落分類は建物群分類の組み合わせである以上、多様な組み合わせが想定できる。

（3）建物群・集落分類の課題
建物群の認定　広瀬分類の基本は「建物群」の認定と分類である。集落を複数の建物群の集合体ととらえる見方は第Ⅱ章第1段階にさかのぼり、実際に黒井峯遺跡などでも集落内の居住単位があきらかになっている。ただし、明確な区画をもたない「ルーズな結合体」である古代集落における建物群をいかに認定するか、その認定基準が厳密に検討されることはこれまで少なかった。本稿第Ⅵ章では、年代、建物方位、分布のまとまりから建物群のグルーピングをおこなっているが、広瀬以前の分析手法と大きく変わるものではない。実際の事例を踏まえて、その基準と方法を洗練させていく必要がある。例えば、建物だけでなく、井戸や土坑、流路、耕作地、道路など周囲の遺構や地形を含めたグルーピングの検討も有効だろう。
　ちなみに、広瀬分類の多くは和泉市池田寺遺跡の調査成果による。池田寺遺跡は詳細が公表されておらず、再検討が求められる（文献89）。
Ⅰ型建物群（首長居宅）　広瀬はⅠA型建物群の区画面積の多様性を認めているが、そこに首長間の格差が内包されている可能性がある。かつて都出比呂志は、古代の上位階層内部において階層分化が進行することを論じている（文献69）。また、ⅠB型建物群の経営主体について広瀬は、国家に掌握されつつも前代からの支配的地位を維持している「官人首長」を想定するが、郡（評）衙以下の末端官衙、7世紀の初期官衙との違いをどう見出していくかは課題である。
倉の所有　広瀬は倉を「剰余生産物収納の場」であると考え、その有無に建物群どうしの優劣を見出している。すなわち、Ⅲ型建物群は倉＝剰余をもたない小集団、零細な「古代家族」となるが、「まったく倉をもたない建物群（集落）」が実際の生活単位として成り立つのだろうか。小規模な調査事例の多い畿内地域では、居住域と倉庫（群）が離れて配置されている場合も考えられる。その一方で、集落規模に対して、倉庫建物の割合が多い事例もあり、倉庫の存在形態は多様である。

そもそも、広瀬分類はあくまで畿内地域の古代集落を論じたものである。他地域、他時代の集落遺跡について、上記の分類や把握方法が通用するかどうかの検証が、今後の集落構造分析の足がかりとなっていくだろう。

V　畿内の古代集落の動態

以下では、畿内地域の古代集落遺跡の分析に入っていく。個々の遺跡の具体的な分析の前提として、畿内地域の古代集落遺跡の動態を確認する。

（1）集落数・分布（図6・7）

まず、畿内地域（奈良県・京都府・大阪府）の集落遺跡数の変化を示す。奈良県内では、7世紀に盆地東南部を中心に集落数の増加がみられる。この段階の集落の多くは古墳時代以前の立地を継承せず、新たな立地に展開していくことが指摘されている（文献58）。ただし、この時期の新規集落の多くは8世紀以降に継続しない。さらに、8世紀の新規集落が現在ほとんど知られていないことから、結果的に8世紀における集落数の急減に繋がっている。その他の地域が8世紀以降も集落数を維持または増加させている状況とは異なる。大和地域での8世紀の集落数の減少は、都城の成立との関わりを想起させるが（文献109）、今後検討していく必要がある。大阪府域では摂河泉地域いずれの地域でも6世紀後半以降集落数の増加が確認できる。特に、藤井寺市・羽曳野市域を中心に、南河内地域での増加が顕著である。この時期に成立する新規集落の多くは丘陵や段丘面に立地し、低地部の集落はこれに対して、大きく減少をみせる。こうした状況の背景には狭山池の開発をはじめとする大規模な灌漑開発による台地開発の進展が大きく影響を与えたのであろう（文献92）。山城地域全体の集落数としては、6世紀前半に増加して以降、大きな変化はみられない。ただし、立地は段丘面や台地上が中心になっていくことが指摘されている（文献95）。

（2）居住様式（図8）

畿内地域とその周辺では7世紀以降、集落遺跡に掘立柱建物が普及する。畿内地域の大半では7世紀に広く掘立柱建物が普及し、大和盆地、中・南河内地域では竪穴建物はほとんどみられなくなるが、北河内地域の一部や大和地域でも山間部の一部集落で

は小型の竪穴建物が残存する。これらは一般的な住居ではなく、特別な機能を備えた建物であった可能性が想定されている（文献35）。これに対して、山城地域では7世紀にも竪穴建物が一定の割合で存在する。これは、北山城地域での掘立柱建物の普及が8世紀に遅れることによるが、桂川右岸の乙訓地域や城陽市域など南山城地域の一部では7世紀に掘立柱建物の普及がみられる（文献43）。

VI　畿内の古代集落の構造

本章では畿内地域の古代集落遺跡の具体的な分析をおこなう。古墳時代から飛鳥・奈良時代への集落変動という大局的な変化に対する集落構造の変遷を検討するため、ここでは、長期的に営まれ、遺構変遷がある程度あきらかな事例を取り上げる[2]。

（1）大和地域①―石榴垣内遺跡

概　要　石榴垣内遺跡は大和盆地東南部から宇陀盆地にむかう笠間川流域の山間小盆地内、谷と丘陵に囲まれた独立小段丘に立地する。本遺跡では周囲の遺構の有無を含めた面的な調査がおこなわれている（文献23）。周辺に古墳時代の集落遺跡は少なく、古代の集落遺跡も小規模かつ短期経営のものが多い。古墳時代中期末から奈良時代まで営まれる石榴垣内遺跡は地域の中心的集落であった可能性が高い。

1期（5世紀末～7世紀前半、図9・10）　1期は竪穴建物による古墳時代の集落で、報告書では、建物分布から北群・中央群・南群の3群に分けられている。各時期3基以下の竪穴建物で構成され、11～14m²、15～25m²以下の中・小型竪穴建物を主体に、30m²以上の竪穴建物が少数含まれる（図12）。これらは一部の超小型建物を除いて住居と考えられる。少数の大型建物については小型建物に建て替えられるほか、時期ごとにその立地が変化しており（中央群SB02→南群SB06→北群SB17）、大型建物が特定範囲に固定的に存在している様子はない。

2期（7世紀前期後半～8世紀前葉、図10・11）　竪穴建物から掘立柱建物に移行する。掘立柱建物の分布域は前段階の竪穴建物と大きく変わらず、調査区中央部を中心に南北に分布する。報告書では古墳時代以来の3群構成を維持していると指摘があるが、その建物群の区分は必ずしも明瞭ではない。

2期建物群は25m²前後の掘立柱建物で構成され、

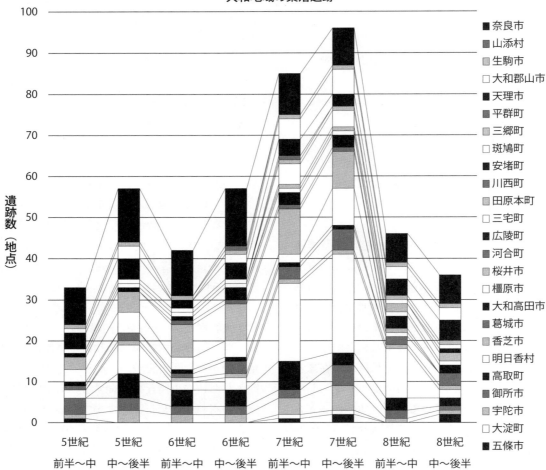

大和地域の集落遺跡

凡例:
■ 奈良市
■ 山添村
■ 生駒市
□ 大和郡山市
■ 天理市
■ 平群町
■ 三郷町
□ 斑鳩町
■ 安堵町
■ 川西町
■ 田原本町
□ 三宅町
■ 広陵町
■ 河合町
■ 桜井市
□ 橿原市
■ 大和高田市
■ 葛城市
■ 香芝市
□ 明日香村
■ 高取町
■ 御所市
■ 宇陀市
□ 大淀町
■ 五條市

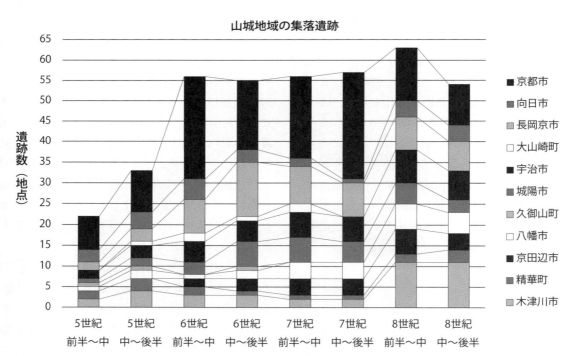

山城地域の集落遺跡

凡例:
■ 京都市
■ 向日市
■ 長岡京市
□ 大山崎町
■ 宇治市
■ 城陽市
■ 久御山町
□ 八幡市
■ 京田辺市
■ 精華町
■ 木津川市

図6　畿内地域の集落遺跡数の変化①

摂津地域の集落遺跡

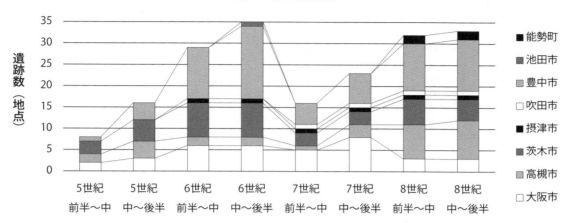

凡例（右側）:
- 能勢町
- 池田市
- 豊中市
- 吹田市
- 摂津市
- 茨木市
- 高槻市
- 大阪市

河内地域の集落遺跡

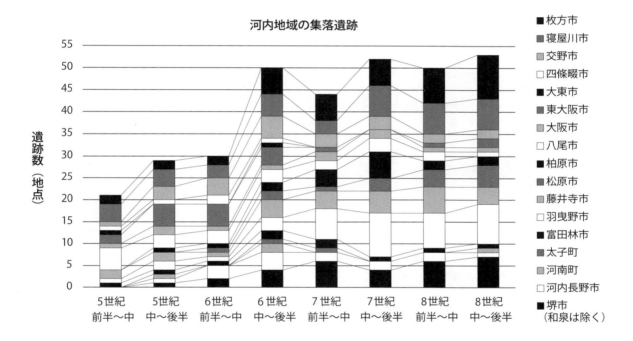

凡例（右側）:
- 枚方市
- 寝屋川市
- 交野市
- 四條畷市
- 大東市
- 東大阪市
- 大阪市
- 八尾市
- 柏原市
- 松原市
- 藤井寺市
- 羽曳野市
- 富田林市
- 太子町
- 河南町
- 河内長野市
- 堺市（和泉は除く）

和泉地域の集落遺跡

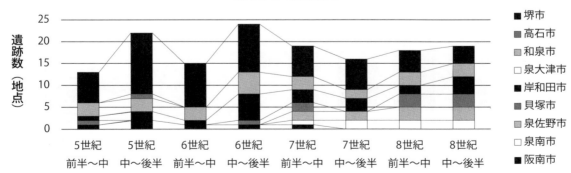

凡例（右側）:
- 堺市
- 高石市
- 和泉市
- 泉大津市
- 岸和田市
- 貝塚市
- 泉佐野市
- 泉南市
- 阪南市

図7　畿内地域の集落遺跡数の変化②

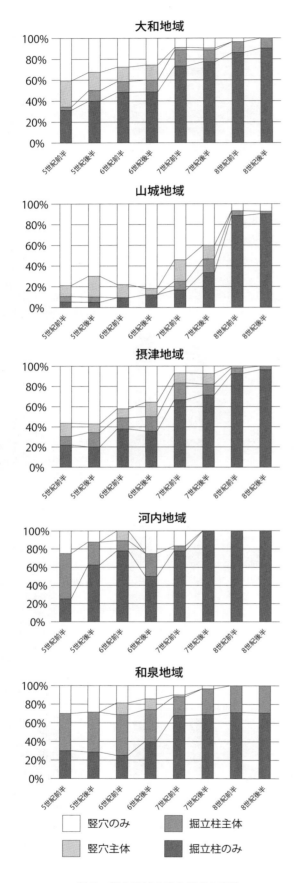

図8　畿内地域の居住様式の変化

40m²台の建物が一部存在する。1期の大型竪穴建物が頻繁に移動していたのに対し、2期の40m²台の掘立柱建物は建物群の北半部に継続的に営まれる傾向がある。2－A・C期などは大型建物を中心に一つの建物群としての様相が強いが、2－B期などは2つの建物群とも考えられる。2－D期に入ると、建物群は東側に展開していく。

　上記の建物群に対して、10～15m²の小型正方形の掘立柱建物がまとまる建物群が、斜面地にあたる調査区東半部に2期を通して存在する。3×3間の正方形の建物や総柱建物で構成され、一部建て替えもみられる。これらは2期を通して特定の建物群に付属する様子はない。先述の建物群は住居と考えられるが、これらの小型建物群は集落全体で共有する倉庫(群)であったと考えられる。

3期(8世紀中葉、図11)　調査区東北部に移動した建物群は正方位を志向するようになる。掘立柱建物SB56の柱穴は方形主体で柱筋も整然としたものになり、面積は約50m²で最大である。遺物にも変化が

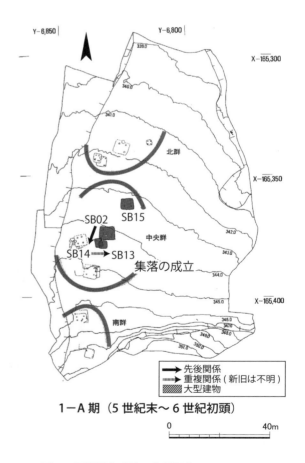

図9　石榴垣内遺跡　変遷図①　1：1500

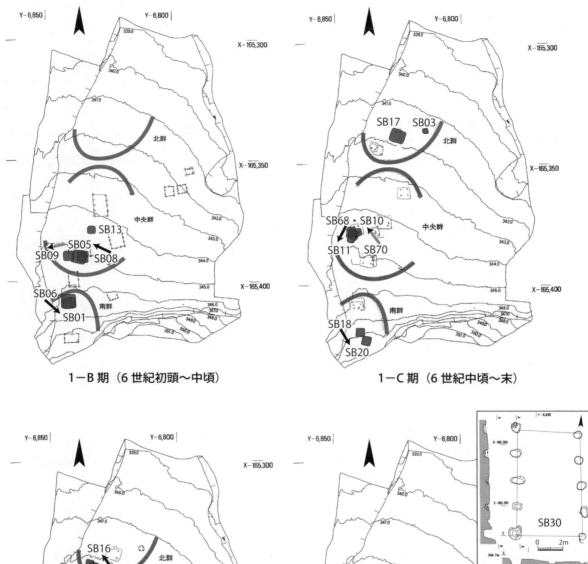

1－B期（6世紀初頭～中頃）

1－C期（6世紀中頃～末）

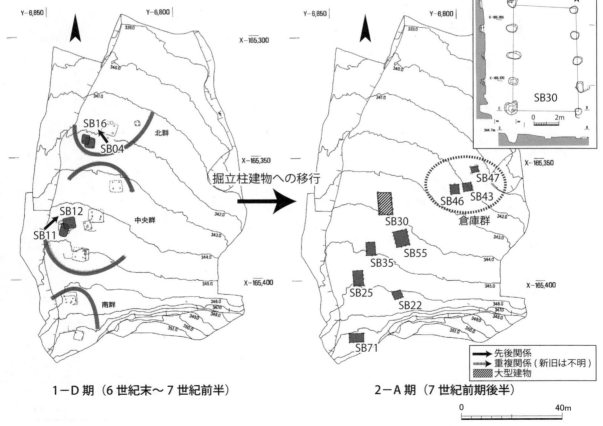

1－D期（6世紀末～7世紀前半）

掘立柱建物への移行

2－A期（7世紀前期後半）

→	先後関係
┅┅▶	重複関係（新旧は不明）
▨	大型建物

0　　　　　　　40m

図10　石榴垣内遺跡　変遷図②　変遷図1：1500　建物図1：300

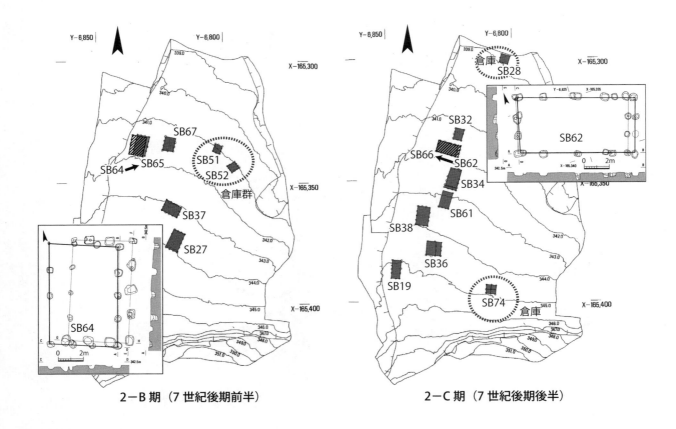

2－B期（7世紀後期前半）　　　　　　　2－C期（7世紀後期後半）

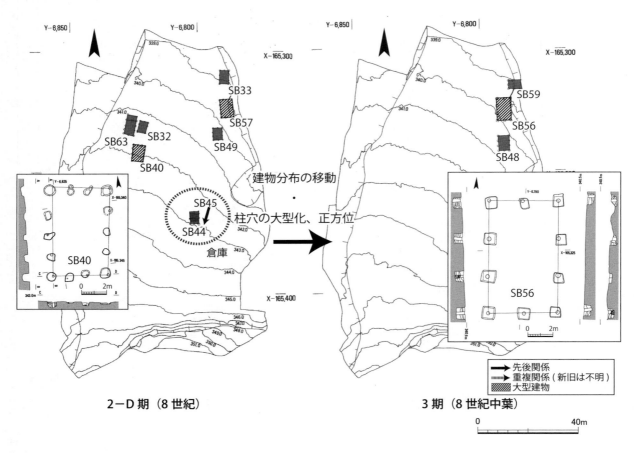

2－D期（8世紀）　　　　　　　　　　3期（8世紀中葉）

図11　石榴垣内遺跡　変遷図③　変遷図1：1500　建物図1：300

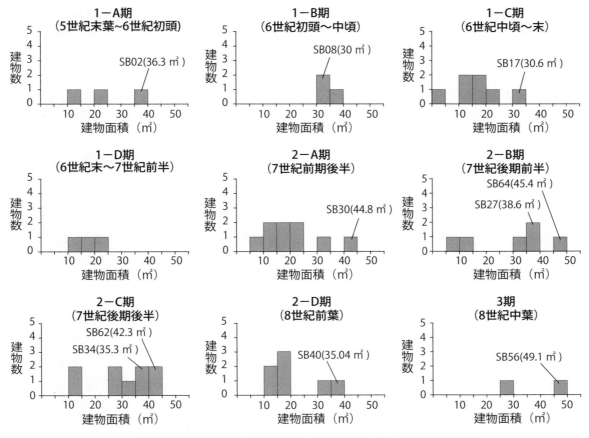

図12 石榴垣内遺跡 建物規模（1期：竪穴建物、2・3期：掘立柱建物）

みられ、包含層からの出土だが、施釉陶器や和同開珎、墨書土器、転用硯など8世紀代の官衙関連遺物が出土している。これらが直接3期の建物群にともなう遺物かどうかは不明だが、3期に石榴垣内遺跡の性格が変化した可能性が高い。しかし、その建物規模や構成は官衙としてはやや貧弱である。報告書では馬匹生産をともなう公的施設が想定されている。

（2）大和地域②—下田東遺跡

概　要　奈良県香芝市下田東遺跡は、北東側の馬見丘陵と南西側の二上山から延びる丘陵に挟まれた沖積低地、葛下川に注ぎ込む小河川の合流部に立地する。現在の周辺河川は条里の方位に沿った直線的な河川に付け替えられているが、本来は複数の流路が曲流する地形であったとみられる。遺跡内では旧流路に挟まれた微高地上の集落があきらかになっており、居住域が理解しやすい。ここでは、建物方位と出土遺物から集落変遷がまとめられている平成14年度本調査区を中心に取り上げる（文献39）（図13）。

古墳時代中・後期（Ⅰ・Ⅱ類、図14）　集落は下田東1

号墳が築造された古墳時代中期末（5世紀末）に成立する。古墳時代の下田東遺跡は掘立柱建物のみで構成され、同時期の畿内地域の集落と様相を異にしている。大半は10〜15㎡の小型建物である（図16）。

古墳時代中・後期の下田東遺跡を特徴づけるのが区画溝である。一部は飛鳥時代前半に残る可能性があるが、基本的には古墳時代中・後期の建物群に付属するとみられる。特に北区には溝による方形区画があり、3×3間の総柱建物が2棟建ち並ぶ。方形区画の南東側には複数の柵・塀が存在し、その反対側に掘立柱建物が集中する。こちらは小型建物が主体だが、3×3間の大型総柱建物が1棟含まれる。以上、古墳時代中・後期の掘立柱建物はⅠ・Ⅱ類に分類されているが、時期の重なりや建物分布を踏まえると、これらは一部併存した可能性がある。その場合、東南建物群は居住域、北側は倉庫域であったと理解できる。方形区画内部の倉庫群は、東南建物群に対して独立して存在し、集落の倉庫としては大型である。同時期の東南建物群は小型建物が主体を占めており、倉庫群の経営主体としてはそぐわない。

恐らく、あきらかになっていない古墳時代の集落域を含めた、集落全体で共有された倉庫と考えることもできるだろう。

飛鳥〜平安時代（Ⅲ〜Ⅵ類、図14・15）　飛鳥時代には東西の流路と区画溝の多くが埋め立てられ、倉庫群は消滅する。一方、東南建物群は総柱建物を同一地点に建て替えるなど一部を維持しつつ、南側と北側に展開する。奈良・平安時代の建物群には明確な区画施設は認められず、大型掘立柱建物（ＳＢ43・ＳＢ17）を中心とする建物群が南側で構成される。

　飛鳥時代以降、下田東遺跡全体の居住域は、東方の流路ＳＲ15西岸付近まで展開していくことが、平成14年度Ｎ地区、平成16年度Ｆ・Ｇ区、平成17年度Ｈ・Ｉ区などであきらかになっている（図13）。

下田東遺跡の集落構造の変化　古墳時代の掘立柱建物の多くは小型であり、柱穴は円形掘方である。奈良時代以降には奈良時代のＳＢ43（40.2㎡）・ＳＢ16（31.2㎡）、平安時代のＳＢ17（47.3㎡）など比較的大型の建物が現れるようになり、周囲の小型建物との格差が明瞭になる。また、この段階の掘立柱建物は柱穴も方形掘方が主体となっている。こうした変化に対応するように、流路や平安時代の井戸から墨書土器や斎串、土馬、円面硯、石帯、木簡などが出土するようになる。遺物の様相から律令的祭祀をおこなった官衙的建物群の存在が指摘されている。しかし、奈良・平安時代の建物群には簡素な区画溝や「Ｌ字型配置」を指摘できるものの、やはり明確な官衙的配置を認めることはできない。建物群の変遷からは居住集団の大きな変化は想定できず、古墳時代以来の集団が伝統的に居住し続けたとみてよい。当初から掘立柱建物である点、明確な倉庫群や区画溝をもつ点は異なるが、地域の中心集落が奈良時代に官衙的様相を備えていく過程は先述の石榴垣内遺跡に近い。

（3）大和地域③ー京奈和自動車道下ツ道JCT

概　要　大和盆地中央部、下ツ道周辺でおこなわれた京奈和自動車道下ツ道JCTの調査を取り上げる。周辺は弥生時代から古墳時代は墓域に利用され、7世紀に入って集落が展開する。特に、下ツ道東側にあたるミノ南地区と、西側の三ノ坪地区に古代の建物群が集中している（文献106）。ミノ南地区では3時期の遺構が確認されており、この時期区分は本調査地全体の変遷に共通する。以下、この時期区分に従って遺構変遷の検討を進める（図17）。

1期（7世紀後半〜8世紀初頭）　7世紀後半にミノ南地区に掘立柱建物群が出現する（図18）。方墳群は整地され、ＰＳ－ＳＢ1210（71.12㎡）を中心とする掘立柱建物群が成立する。河道NR03と建物群の間は空閑地になっており、東方にまとまる総柱建物群は倉庫と考えられる。掘立柱建物を構成する柱穴は方形掘方

28

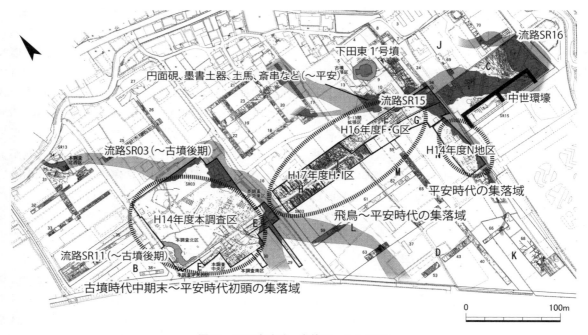

円面硯、墨書土器、土馬、斎串など（〜平安）
下田東1号墳
流路SR16
J
C
中世環壕
流路SR15
流路SR03（〜古墳後期）
H16年度F・G区
H14年度N地区
H17年度H・I区
平安時代の集落域
H14年度本調査区
飛鳥〜平安時代の集落域
流路SR11（〜古墳後期）
E
L
M
B
D
K
古墳時代中期末〜平安時代初頭の集落域

0　　　　　　100m

図13　下田東遺跡　全体図　1：4000

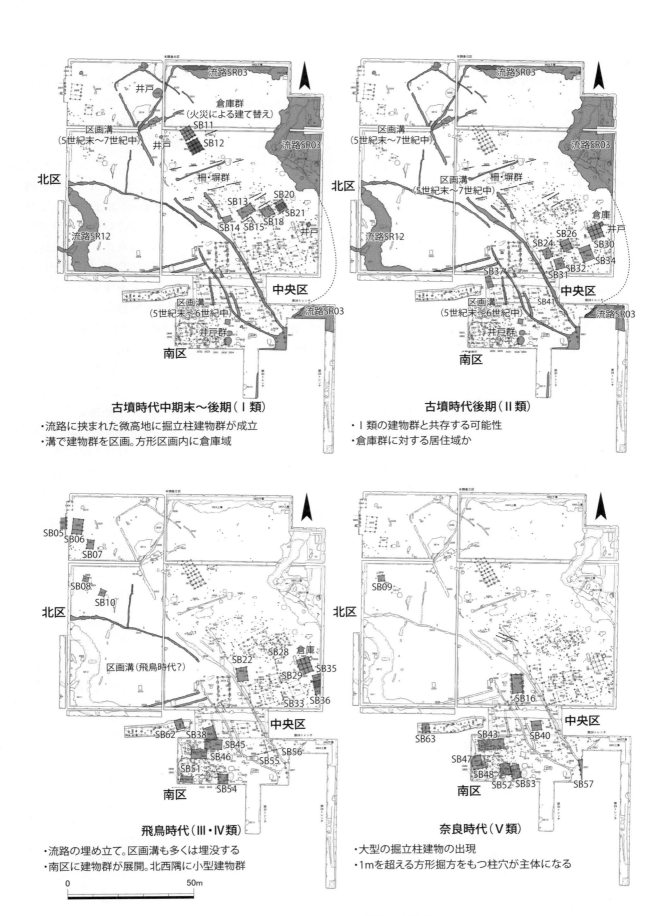

古墳時代中期末～後期（Ⅰ類）

・流路に挟まれた微高地に掘立柱建物群が成立
・溝で建物群を区画。方形区画内に倉庫域

古墳時代後期（Ⅱ類）

・Ⅰ類の建物群と共存する可能性
・倉庫群に対する居住域か

飛鳥時代（Ⅲ・Ⅳ類）

・流路の埋め立て。区画溝も多くは埋没する
・南区に建物群が展開。北西隅に小型建物群

奈良時代（Ⅴ類）

・大型の掘立柱建物の出現
・1mを超える方形掘方をもつ柱穴が主体になる

図14　下田東遺跡平成14年度本調査区の変遷①　1：1500

をもち、いずれも柱間は等間で、柱筋の通りも良い。方位に沿った規格的な構造をもっている点、周囲に井戸が検出されていない点などから、官衙的機能を備えた建物群が想定されている。

なお、下ツ道は1期の段階で既に存在したと考えられるが(文献18)、本調査で検出され、下ツ道東西側溝に比定されているN－SD 2001、N－SD 2204の出土遺物は8世紀中葉以降(2期)の遺物でほぼ占められている。

2期(8世紀中葉～9世紀中葉) 下ツ道東西側溝(N－SD 2001、N－SD 2204)や溝A－SD 01をはじめとする下ツ道関連溝が掘削される(図17)。ミノ南地区では建物群が8世紀初頭頃に廃絶し、一時的に建物群が消滅する。8世紀中葉には河道PS－NR03からNR02への付け替えがおこなわれるほか、また、条里地割に沿う無数の素掘小溝が、ミノ南地区を中心に下ツ道周辺まで広く施工される。これらの素掘小溝は自然科学分析の結果から、水田耕作にともなう溝であることが指摘されており、この段階に広く耕地化が進められていたことがわかる(文献66)。

ミノ南地区建物群と入れ替わるように三ノ坪地区に掘立柱建物群が出現する。三ノ坪地区の掘立柱建物は建物方位によるグルーピングが報告されているが、詳細な変遷は示されていない。ここでは、報告書で提示された情報を踏まえ、筆者が改めて検討を加えた変遷にもとづいて論じる。

三ノ坪地区では下ツ道関連溝と東西溝A－SD 01および周辺の整地が画期となり、これらの溝が機能した8世紀中葉～9世紀中葉と、溝が埋没して周辺の整地がおこなわれた9世紀後半以降に大別できる。三ノ坪地区東端の方位に沿った長舎風建物群A－SB 17・SB 18は上述の下ツ道関連溝に重複しており、整地以降の建物であることが確実である。一方、その西側には南廂建物A－SB 05を中心とする建物群が存在する。これらの建物群は重複があるが、一体と考えられ、東西溝A－SD 01と方位を揃えている。溝A－SD 01、ひいては下ツ道関連溝が機能した段階の建物とみてよいだろう。すなわち、8世紀中葉から9世紀中葉頃の斜行する建物群から、9世紀後半頃から10世紀の正方位志向の建物群への変遷を想定することができる。これは、3期K群の建物(12世紀)が正方位を志向していることとも矛盾しな

30

平安時代初頭(Ⅵ類)
・Ⅴ類のSB16の位置を踏襲して大型建物SB17が成立

0   50m

図15 下田東遺跡平成14年度本調査区の変遷② 1：1500

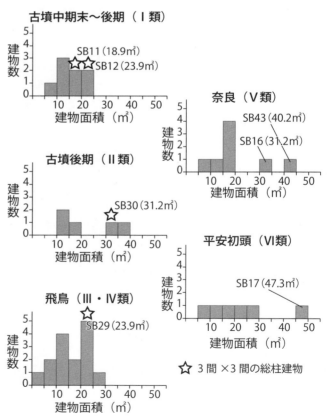

☆ 3間×3間の総柱建物

図16 下田東遺跡 建物規模

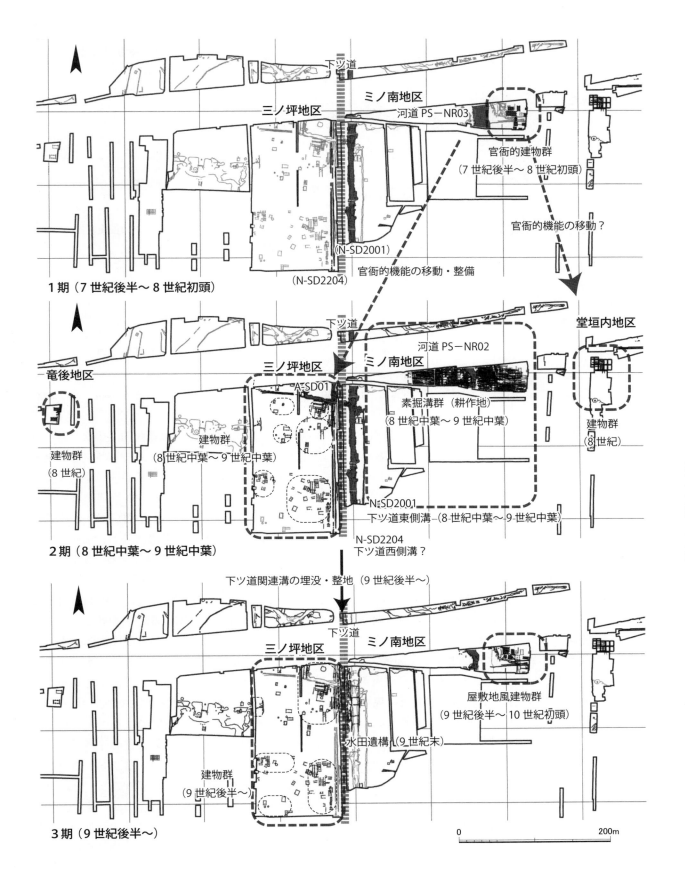

1期（7世紀後半〜8世紀初頭）

下ツ道

ミノ南地区

三ノ坪地区

河道 PS－NR03

官衙的建物群
（7世紀後半〜8世紀初頭）

官衙的機能の移動？

（N-SD2001）

官衙的機能の移動・整備

（N-SD2204）

2期（8世紀中葉〜9世紀中葉）

下ツ道

堂垣内地区

竜後地区

三ノ坪地区

ミノ南地区

河道 PS－NR02

A-SD01

素掘溝群（耕作地）
（8世紀中葉〜9世紀中葉）

建物群
（8世紀中葉〜9世紀中葉）

建物群
（8世紀）

建物群
（8世紀）

N-SD2001
下ツ道東側溝（8世紀中葉〜9世紀中葉）

N-SD2204
下ツ道西側溝？

下ツ道関連溝の埋没・整地（9世紀後半〜）

3期（9世紀後半〜）

下ツ道

三ノ坪地区

ミノ南地区

屋敷地風建物群
（9世紀後半〜10世紀初頭）

水田遺構（9世紀末）

建物群
（9世紀後半〜）

0   200m

図17　下ツ道JCT　古代遺構変遷図　1：5000

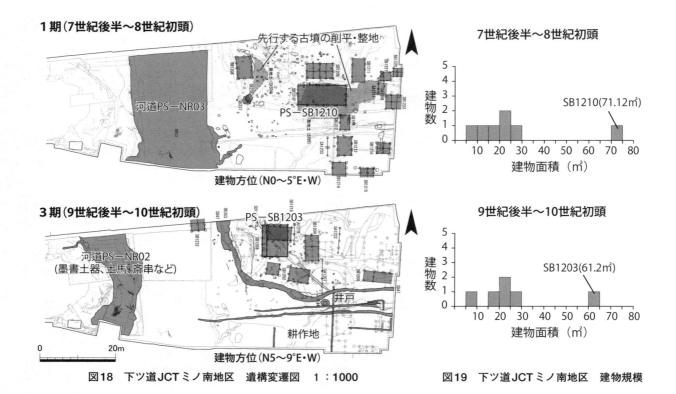

1期（7世紀後半～8世紀初頭）

河道PS-NR03

先行する古墳の削平・整地

PS-SB1210

建物方位（N0～5°E・W）

7世紀後半～8世紀初頭

建物数

SB1210(71.12㎡)

建物面積（㎡）

3期（9世紀後半～10世紀初頭）

河道PS-NR02
（墨書土器、土馬、斎串など）

PS-SB1203

井戸

耕作地

建物方位（N5～9°E・W）

0　　20m

9世紀後半～10世紀初頭

建物数

SB1203(61.2㎡)

建物面積（㎡）

図18　下ツ道JCTミノ南地区　遺構変遷図　1：1000　　　　　　図19　下ツ道JCTミノ南地区　建物規模

い。こうした大局的な変遷を軸として、掘立柱建物と井戸の分布、建物方位、出土遺物を踏まえて遺構変遷の整理を改めておこなった。これは全体の遺構変遷の2期→3期に対応する。

三ノ坪地区2期建物群（8世紀中葉から9世紀中葉）は、A群を中心に6つの建物群にグルーピングが可能である（図20）。A群は南廂建物のA-SB 05（65.55㎡）を主屋とし、後方に東西棟の長舎風建物A-SB 04（41㎡以上）をともなう。A群後方の溝A-SD 01は東側で下ツ道東側溝に接続し、西側では東西方向の水溜り施設を備えた南北溝に接続する。A群の建物は建物面積や形式において他の建物群とは隔絶しており、先の2遺跡と比較してもあきらかに規模が大きく規格的である。一方、B～F群の建物配置に規格性は認められず、20㎡前後の小型建物で構成される。これらの建物群はいずれも明確な倉庫をもたないが、1～2基の井戸を備えており、活動の単位として評価できる。また、A-SD 01がB群の区画の一部として機能した可能性があるほかは区画を備えていない。A群南側の建物群はやや散在的だが、A群に付随するA'群としている。

同時期の建物は竜後地区や堂垣内地区でも検出されているが、三ノ坪地区、特にA群は当該期において卓越している。A群後方のA-SD 01からは木簡や瓦磚類が、周辺整地土からは蹄脚円面硯などの官衙関連遺物が出土している。1期のミノ南地区建物群を官衙施設とするならば、8世紀前半～中葉の様相が不明だが、官衙的機能は三ノ坪地区A建物群へ移動していたと考えられる[3]。ミノ南地区PS-SB1210と三ノ坪地区A-SB 05を比較すると、規模、形式いずれもA-SB 05の方が上位である。また、下ツ道関連溝の出土遺物は建物群の成立時期である8世紀中葉を上限としている。検出されていない8世紀前葉以前の下ツ道が3期同様、現在の道幅より狭いものであったと仮定すると、この段階に官衙機能の移動・整備と道幅の拡幅を含む官道の整備が一体的に進められたものと理解できる。A-SD 01は物資の運搬などに用いられた可能性を考えてもよいだろう。

3期（9世紀後半～）　三ノ坪地区ではA-SD 01を含む下ツ道関連溝が埋め立てられた後の建物群が成立する（図21）。先の検討にもとづき、正方位に近いG～J群をこの段階の建物とした。K群のみ、12世紀の建物群である。もっとも特徴的なのが、長舎風建物がまとまるG群である。全体が検出されているA-SB 17は7×1間、約58㎡におよぶ。重複関係から2時期程度が想定できるが、主屋となる建物は検出されていない。また、G群の東側には幅を縮小した下ツ道が存在した可能性が高く、G群の長舎風建物群

32

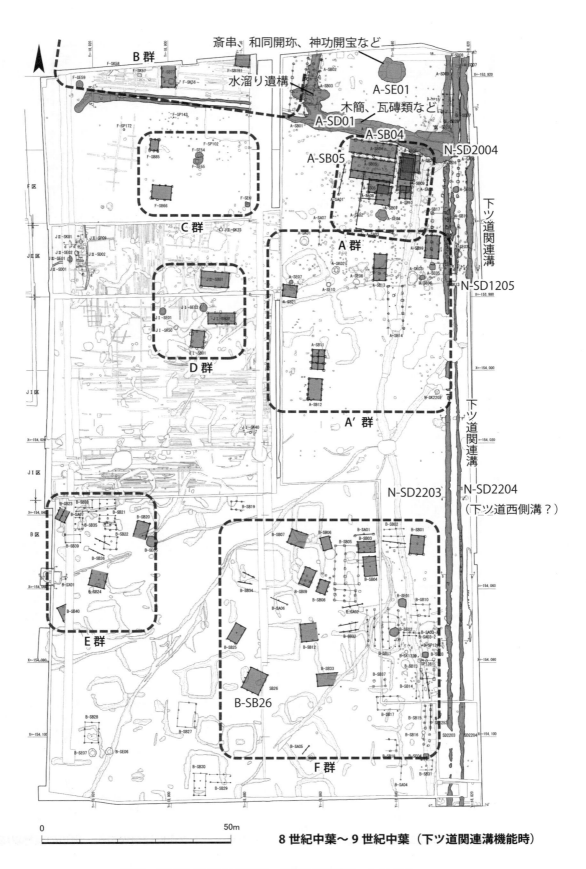

B 群

斎串、和同開珎、神功開宝など

F-SE59　F-SK57　F-SK56

水溜り遺構

F-SP172

F-SP143

A-SE01

A-SD01

木簡、瓦磚類など

A-SB04

A-SB05

N-SD2004

F-SP102

F-SB85
F-SE54
F-SE55

F-SB66

A 群

下ツ道関連溝

C 群

N-SD1205

D 群

A' 群

下ツ道関連溝

N-SD2203　N-SD2204
（下ツ道西側溝？）

B 群

E 群

B-SB26

F 群

0　　　　　　　　　　　　　50m

8 世紀中葉〜 9 世紀中葉（下ツ道関連溝機能時）

図20　下ツ道JCT三ノ坪地区　2期遺構平面図　1：1000

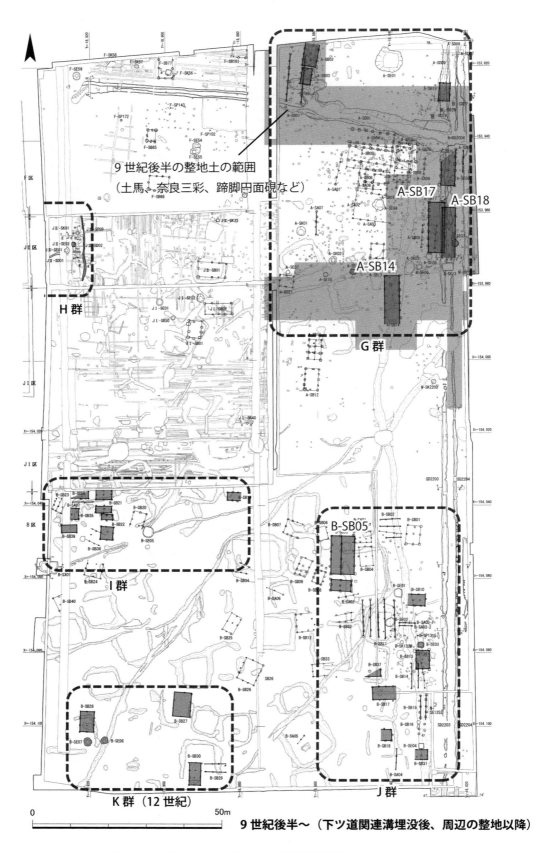

9世紀後半の整地土の範囲
（土馬、奈良三彩、蹄脚円面硯など）

H群

G群

A-SB17
A-SB18
A-SB14

I群

B-SB05

K群（12世紀）

J群

9世紀後半〜（下ツ道関連溝埋没後、周辺の整地以降）

図21　下ツ道JCT三ノ坪地区　3期遺構平面図　1：1000

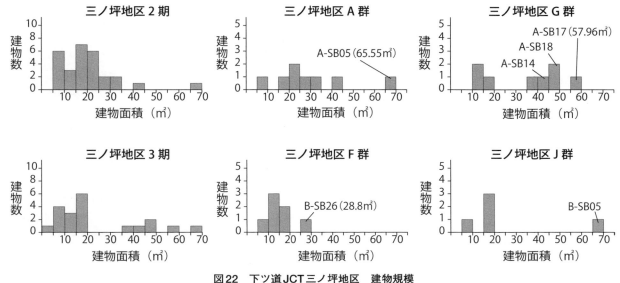

図22　下ツ道JCT三ノ坪地区　建物規模

は道路を意識して配置されたものであろう。その他の建物群は2期と同様、小型建物が主体である。A（A'）群とG群、E群とI群、F群とJ群といったように、建物群の基本的な分布が2期と3期の間で一定維持されている点は注目される。

3期にはミノ南地区に片廂建物PS－SB1203を中心とする建物群が再び成立する。1期と異なり、整然とした建物配置を取らず、柱穴も小型円形のものが主体である。代わって、建物群の周囲は溝で囲まれ、井戸を備えている。溝の南側には縦横の溝が掘削されており、建物群に隣接する耕作地とみられる。ミノ南地区3期建物群は1期と大きく異なり、井戸と耕作地をもつ屋敷地的景観を呈している。

下ツ道JCTの調査で検出された掘立柱建物の規模をみると、2・3期の三ノ坪地区では、平面積70㎡前後の大型建物がA・G群の主体として存在する。対して、他の建物群は基本的に15～20㎡の小型建物であり、これは石榴垣内遺跡や下田東遺跡と変わらない。厳密に官衙的様相を示すのはA・G群のみといえる。ミノ南地区の中心建物は1・3期いずれも60～70㎡で、下田東遺跡や石榴垣内遺跡より総じて上位である。ただし、1期と3期では建物配置、構成、柱穴形状など明確な違いが存在していた。

（4）河内地域 ― 北岡遺跡

南河内地域は畿内地域の中でも、古代に入って特に集落数が急増する地域である。広瀬和雄も歴博論文で南河内地域の事例を多く挙げているが（文献90）、調査が小規模で全体の様相が不明瞭なものも多い。しかし、そうした事例も既往の調査成果を積み重ねることで構造の把握が可能である。藤井寺市北岡遺跡（一部、葛井寺遺跡を含む）は、天野末喜がその調査成果をまとめており（文献3）、最近では上田睦が古代寺院の葛井寺と文献史料を含めた考察もおこなっている。上田は葛井氏（白猪氏）が古市大溝の開削を契機に河内地域へ移住したと考え、その段階に成立する北岡遺跡・葛井寺遺跡を、葛井氏またはその傍系にあたる葛井寺建立氏族の集落として論じている（文献14）。今回は両氏の研究をベースに、北岡遺跡の集落構造に考察を加える。

北岡遺跡は羽曳野丘陵の東北端、段丘平坦面から東側縁辺部が遺跡として把握されている。南方には古代寺院の葛井寺があり、北方には近世の長尾街道が通る。北岡遺跡は小規模な立会調査をふくむと膨大な数になるが、主要な調査区は出土土器分布を踏まえて、AからJブロックにまとめることができる（図23）[4]。北岡遺跡の集落は葛井寺伽藍下層の掘立柱建物（Iブロック）に始まり、葛井寺創建（7世紀中葉）を契機にC・Hブロック、段丘平坦面のA・Bブロックへと展開していく。以下、まとまった成果が挙げられているA・Bブロックを取り上げる。

Aブロック（図24）　7世紀末から9世紀の建物群が検出されている。最初に北岡85－2区に2棟の総柱建物が現れる（7－5期）。このうち総柱建物SB03は3×3間、面積25.9㎡であり、集落遺跡の倉庫建物としては大型に属する。規模は小さいが、複数の総柱

建物が東側のKT89－10区で検出されており、この周辺は倉庫域であったと考えられる。この段階の中心建物は明確ではないが、Aブロック西半の調査区で大型柱穴が検出されている。

8－1期には一旦遺構が減少する。8－2期に入ると、北側の調査区に総柱建物群と廂付建物が成立する。総柱建物ＳＢ01は7－4期のものと形式は共通するが、やや大型である（KTC区、3×3間、30.1㎡）。廂付建物は部分的検出だが、梁行2間で東側に片廂をもつ南北棟建物が想定されており、ＳＢ01と柱筋を揃えて一体的に存在する。南側では小規模な掘立柱建物と井戸が検出されている。

8－3期には片廂建物ＳＢ01（KT89－10、80.7㎡）と倉庫建物ＳＢ06（KTC区、27.9㎡）による建物群が成立する。ＳＢ01は身舎が5×2間、南廂をもつ東西棟建物で、南側には広場を形成する。

北岡85－2区、KT89－10区で検出されている東西溝は道路の側溝とされている。7－4・5期から8－3期まで維持され、特に8－3期のＳＤ12は調査区東南隅で北に屈曲し、井戸ＳＥ02とも接続する。これは8－3期建物群南側の区画溝としても機能したと考えられている。なお、この道路を大津道とする中西康裕の見解がある（文献73）。

成立時期と建物配置を見る限り、Aブロック建物群の成立と道路の整備は一体的であった。特に8－3期には主屋の廂付建物、後方の倉庫群、南側の井戸、広場など、屋敷地的様相が認められる。耕作地が確認されていないが、規模としては下ツ道JCTミノ南地区建物群よりもやや大きい。9世紀以降、建物群はAブロック東端の調査区に移り、9世紀中葉頃まで大型掘立柱建物を営んでいく。

Bブロック（図25）　古代の建物群は段丘中央部に入り込む開析谷に面した地点に成立する。建物群の成立は7－5期でAブロック建物群とほぼ同時だが、7－5期・8－1期は小型掘立柱建物が数棟、点在するのみである。

建物群は8－3期に大きく拡大する。二面廂建物ＳＢ01を中心に長舎風建物ＳＢ01と総柱建物ＳＢ06・ＳＢ07を含む建物群が成立する。主屋とみられるＳＢ01（KT90－3区）は身舎が5×3間、南北両面に1間ずつ廂を備えた平面形式が想定されており、想定面積は150㎡を超える超大型建物である。これに柱筋を揃えるＳＢ01（KT87－8区）は8×2間の長

舎風建物で、面積は52.5㎡である。ＳＢ06は3×3間で27.4㎡の総柱建物で（KT87－8区）、集落の倉庫としてはやはり大型である。ＳＢ07は部分的な検出だが、柱穴が大きく、ＳＢ06と柱筋が揃っており、同規模の倉庫建物が想定できる。この建物群はAブロック建物群に併存するが、個々の建物規模ではAブロックを凌いでいる。

8－4期は基本的に前代の構造を踏襲する。主屋は南廂建物ＳＢ02（KT90－3区西）、長舎風建物はＳＢ104（KT92－11区）、倉庫はＳＢ08（KT87－8区）に引き継がれる。全体に小型化の傾向があるが、ＳＢ104については7×3間、64.0㎡で、先行するＳＢ01より大きい。

8－3期から4期への大きな変化は道路の出現である。KT92－11区中央に2条の並行する南北溝があり、道路側溝とされている。両廂建物ＳＢ01の廃絶後に成立し、8－4期建物群に沿うように存在していることから、8－4期建物群の成立と一体的に成立した道路と考えられる。この道路側溝は北北東に約90m延伸すると、大阪府教委84－1区、86－1区で検出された溝に接合することが報告されている。

ここでは北岡遺跡の主要な調査事例を取り上げたが、A・Bブロックいずれも大型建物や倉庫群など一般集落にない様相を備える。そこには一般集落層を超える有力集団の存在が十分想定可能である。道路に隣接して営まれるなど共通点は多いが、Aブロック建物群が倉庫群だけでなく広場や井戸をもつ点で屋敷地的であるのに対し、Bブロック建物群は長舎風建物をともなうなど官衙的様相が強いことは指摘できる。

Ⅶ　古代集落遺跡の構造分析視角
（1）住居の規模

広瀬和雄の整理では、畿内の古代集落の竪穴建物は10～25㎡がもっとも多く、25㎡を超えると急激に減少する。また、掘立柱建物の「屋」（住居）については10～30㎡が平均的で、もっとも多いのが15～20㎡、次いで20～30㎡、10～15㎡と続く。50㎡以上の建物には上位層を想定している（文献90）。

石榴垣内遺跡は25㎡前後、下田東遺跡は20㎡前後の小型掘立柱建物を主体に構成され、各時期の中心建物として40～50㎡の側柱建物が存在する。下ツ道JCTミノ南地区・三ノ坪地区B～F・H～J群

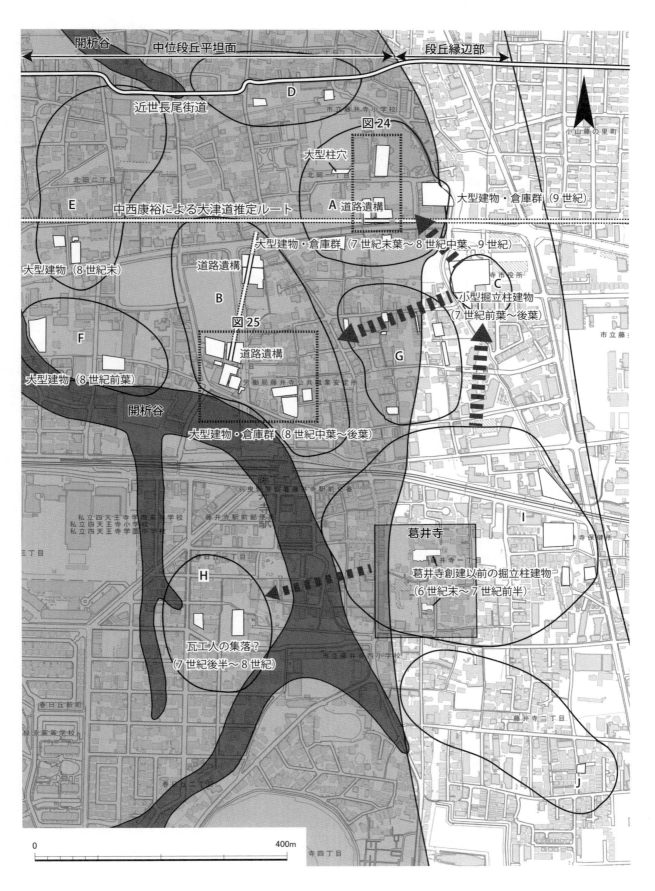

開析谷　　中位段丘平坦面　　　　　　段丘縁辺部

近世長尾街道

図24

大型柱穴

北岡一丁目

市立藤井寺小学校

小山藤の里町

D

A 道路遺構

大型建物・倉庫群（9世紀）

E 中西康裕による大津道推定ルート

大型建物・倉庫群（7世紀末葉〜8世紀中葉、9世紀）

道路遺構

大型建物（8世紀末）

B

寺市役所

小型掘立柱建物
（7世紀前葉〜後葉）

C

市立藤井

図25 道路遺構

労働局藤井寺公共職業安定所

G

大型建物（8世紀前葉）

F

開析谷

大型建物・倉庫群（8世紀中葉〜後葉）

羽曳野警察署藤井寺駅前交番

私立四天王寺学園高等学校
私立四天王寺小学校
私立四天王寺学園中学校

藤井寺駅前郵便局

葛井寺一丁目

葛井寺

I

寺保健所

H

葛井寺創建以前の掘立柱建物
（6世紀末〜7世紀前半）

瓦工人の集落？
（7世紀後半〜8世紀）

市立藤井寺西小学校

春日丘新町

緑涼高等学校

藤井寺二丁目

春日丘三丁目

J

0　　　　　　　　　　400m

寺四丁目

図23　北岡遺跡の調査と周辺地形　1：6000

では20m²前後の小型建物が主体を占めており、大差はないが、ミノ南地区や三ノ坪地区A群の主屋建物をみると、60〜70m²の側柱建物または廂付建物で、石榴垣内遺跡、下田東遺跡よりも規模・形式ともに上位となっている。

他地域の古代集落は多くが竪穴建物だが、20m²以下の小型竪穴建物が多い[5]。今回確認した15〜25m²の小型掘立柱建物は畿内の古代集落の一般住居のあり方をある程度とらえているとみてよい。石榴垣内遺跡や下田東遺跡の大型建物は、集落内部に一部の上位層が共存した可能性を示唆する。

北岡遺跡Bブロックの二面廂建物SB01は特に大型であり、廂を含めた面積は150.7m²におよぶ。同時期の大型建物と比較すると（表1）、例えば、大阪市平野区瓜破遺跡（7世紀中葉〜後葉）で発見された大型建物群の中心施設は四面廂建物だが、面積は90m²程度でやや小さい。これは、北岡遺跡Aブロックの片廂建物SB01（80.7m²）や、同じく藤井寺市に所在

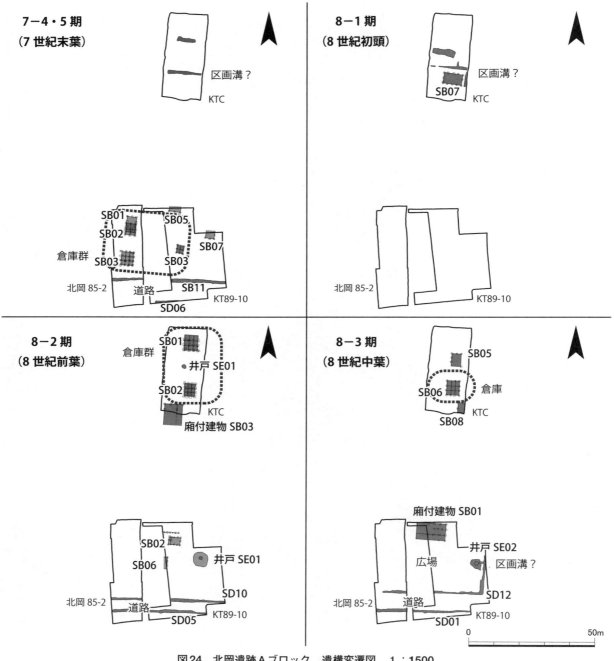

図24　北岡遺跡Aブロック　遺構変遷図　1：1500

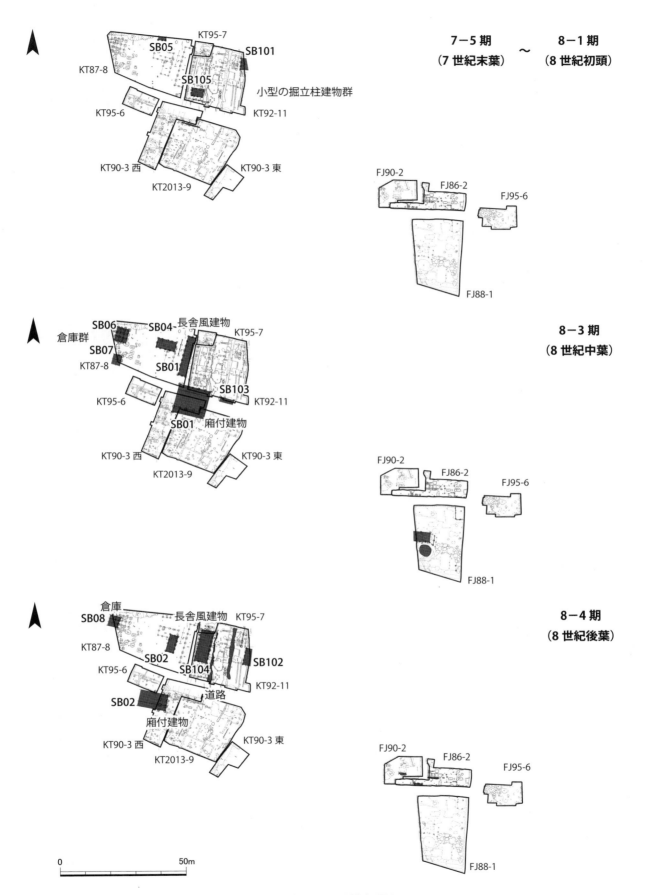

7－5 期 〜 **8－1 期**
（7 世紀末葉） **（8 世紀初頭）**

SB05　KT95-7　SB101
KT87-8
SB105
小型の掘立柱建物群
KT95-6　KT92-11
KT90-3 西　KT90-3 東
KT2013-9

FJ90-2　FJ86-2　FJ95-6
FJ88-1

8－3 期
（8 世紀中葉）

SB06　SB04　長舎風建物
倉庫群　　　　　　　KT95-7
SB07
KT87-8　SB01
SB103
KT95-6　KT92-11
SB01　廂付建物
KT90-3 西　KT90-3 東
KT2013-9

FJ90-2　FJ86-2　FJ95-6
FJ88-1

8－4 期
（8 世紀後葉）

倉庫
SB08　長舎風建物　KT95-7
KT87-8
SB02
KT95-6　SB104　SB102
道路　KT92-11
SB02
廂付建物
KT90-3 西　KT90-3 東
KT2013-9

FJ90-2　FJ86-2　FJ95-6
FJ88-1

0　　　　　　　50m

図25　北岡遺跡Bブロック　遺構変遷図　1：1500

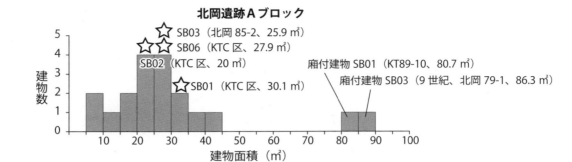

北岡遺跡Ａブロック

縦軸：建物数（0〜5）
横軸：建物面積（㎡）（10〜100）

SB03（北岡85-2、25.9㎡）
SB06（KTC区、27.9㎡）
SB02（KTC区、20㎡）
SB01（KTC区、30.1㎡）
廂付建物 SB01（KT89-10、80.7㎡）
廂付建物 SB03（9世紀、北岡79-1、86.3㎡）

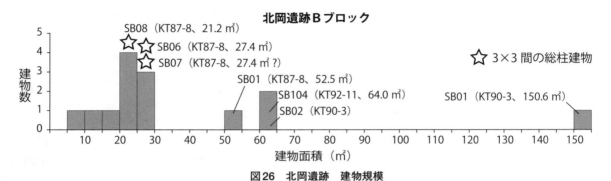

北岡遺跡Ｂブロック

縦軸：建物数（0〜5）
横軸：建物面積（㎡）（10〜150）

SB08（KT87-8、21.2㎡）
SB06（KT87-8、27.4㎡）
SB07（KT87-8、27.4㎡?）
SB01（KT87-8、52.5㎡）
SB104（KT92-11、64.0㎡）
SB02（KT90-3）
SB01（KT90-3、150.6㎡）

☆ 3×3間の総柱建物

図26　北岡遺跡　建物規模

表1　畿内地域の大型建物

地域	遺跡名	遺構番号	桁行(間)	梁行(間)	桁行(m)	梁行(m)	総面積(㎡)	建物形式	時期
河内	北岡遺跡	SB01	5	5	11.68	12.9	150.67	二面廂	8世紀中葉
	高鷲中之島遺跡	SB01	6	2	12.7	7	88.90	片廂	7世紀後半
	瓜破遺跡	SB17	5	3	12.31	7.33	90.2	四面廂	7世紀中葉〜後葉
摂津	北河堀町所在遺跡	SB301	8	5	18.04	10.12	182.56	四面廂	7世紀後葉
大和	下ツ道ミノ南	SB1210	5	2	12.7	5.6	71.1	無廂	7世紀後半〜8世紀初頭
	下ツ道三ノ坪	SB04	6	3	11.4	5.7	65.0	片廂	8世紀後半〜9世紀前半
	椿井西宮遺跡	SB01	5〜6	4	15.0〜18.0	12	60~72	片廂	7世紀中葉
	上之宮遺跡	SB06	7	4	13.6	11.4	155.04	四面廂	7世紀初頭
山城	正道官衙遺跡	SB7331	8	4	17.40	9.3	161.82	四面廂	8世紀前半

※数値はいずれも廂部を含んだもの

する高鷲中之島遺跡の片廂建物（88.9㎡）に近い。ただし、後者は脇殿の可能性がある（文献103）。150㎡前後の建物としては、奈良県桜井市上之宮遺跡の四面廂建物（6世紀後半〜7世紀初頭、155.04㎡）などがある。同時期の建物で近い規模のものには正道官衙遺跡Ⅲ期の四面廂建物ＳＢ7331（8世紀）が161.82㎡でこれに該当する。正道官衙遺跡Ⅲ期建物群は山城国久世郡衙の郡庁にも比定されており（文献34）、北岡遺跡Ｂブロック建物群は畿内地域の郡衙の中枢施設にも相当する規模ということになる。これらと比較すると、下ツ道JCTの主屋建物はやや小型となり、同規模のものとしては奈良県平群町の椿井西宮遺跡の片廂建物などがある。以上、少数の事例による比較に過ぎないが、大型建物の中でも40〜50㎡、60〜70㎡、

80〜100㎡、150㎡前後など様々な規模のものが存在することを確認した。

（2）建物群・集落の規模

広瀬和雄が挙げた事例にもとづいて各建物群の推定占有面積を概算すると、Ⅰ型建物群は1,600〜2,500㎡（40〜50m四方）、Ⅱ型は400〜1,600㎡（20〜40m四方）、Ⅲ型は400〜900㎡（20〜30m四方）がそれぞれ想定できる。

下田東遺跡では区画溝や柵塀が検出されており、建物群の範囲がとらえやすい。平成14年度本調査区東南部建物群について、柵塀、流路、溝に囲まれた範囲をとらえると、約1,600〜2,000㎡（40m×40〜50m）となる。奈良・平安時代の南部建物群は1,350

～1,800 m²（30～40 m×45 m）程度が想定できるが、古墳時代よりも小規模にまとまる傾向がみられる。下ツ道JCT三ノ坪地区では、600～700 m²、1,200 m²前後、2,500～2,800 m²、4,000 m²前後の建物群を抽出した。石榴垣内遺跡については複数の建物群を把握しにくいが、2－B期を2つの建物群と1つの倉庫群とした場合、住居の建物群は約400～600 m²程度とやや小さい。建物群の面積は建物群相互の格差だけでなく、古墳時代と飛鳥・奈良時代、竪穴建物と掘立柱建物でも違いが生じる可能性がある。集落規模については、全域を調査した例がほとんどないため判断し難いが、北岡遺跡の遺跡範囲が本書清水報告の島名熊の山遺跡に相当する。今後、生産域や道路、その他各種遺構、周辺地形を踏まえて集落域を考えていかなければならない。

（3）倉庫建物の規模と存在形態

下田東遺跡と北岡遺跡は3×3間の総柱建物を含んでいる。3間以上の総柱建物は一般集落には少なく、遺跡の性格を考える指標となりうる。

『古代の官衙遺跡Ⅰ』によると、3×3間の総柱建物は地方官衙遺跡の倉庫建物ではもっとも多い形式である（約30%）。対して、豪族居宅・集落遺跡の倉庫建物では2×2間の総柱建物がもっとも多く（約48%）、3間以上は極端に少なくなり、3×3間で約13%となっている。また、倉庫建物の面積は地方官衙遺跡では20～25 m²、45～50 m²、100 m²以上にそれぞれまとまりがあり、大型倉庫から小型倉庫まで存在する。一方、豪族居宅・集落遺跡の倉庫建物は10～20 m²が大多数で、それ以上の大型倉庫はわずかとなっている（文献75）。

下田東遺跡の総柱建物は古墳時代中期末のＳＢ11が18.9 m²、ＳＢ12が23.9 m²、古墳時代後期のＳＢ30が31.2 m²、飛鳥時代のＳＢ29が23.9 m²である。北岡遺跡はＡブロック7－4期ＳＢ03が25.9 m²、8－2期ＳＢ01が30.1 m²、ＳＢ02が20 m²、8－3期ＳＢ06が27.9 m²、Ｂブロック8－3期ＳＢ06が27.4 m²である。いずれも集落遺跡の総柱建物としては大きく、特に北岡遺跡では大型の倉庫が多い。

集落における倉庫の存在形態について、Ⅱ章で触れたように、かつて東京都中田遺跡をめぐって、鬼頭清明が集落全体で共有される倉庫の存在を指摘し（文献29）、都出比呂志がこれに反論した経緯がある

（文献68）。広瀬分類でも倉庫建物はいずれかの建物群に付属するものであり、集落全体で共有される倉庫は分類に含まれていない。これまで、特に古代の集落について集落共有の倉庫の存在は重視されてこなかったが、石榴垣内遺跡の変遷では小規模ながらも複数の建物群に共有される倉庫群の存在が認められた。近年、重藤輝行は奈良時代にも集落共有の倉庫が存在した可能性を指摘しており（文献49）、さらに事例を増やして考えていく必要がある。

（4）掘立柱建物への移行

7世紀以降、畿内地域の集落遺跡に掘立柱建物が広く普及することはかねてより知られ、さらに、畿内地域内部でも掘立柱建物の普及過程に若干の差があることも認知されてきている（文献57）。石榴垣内遺跡では竪穴建物から掘立柱建物への移行過程を確認した。一部は竪穴建物と併存した可能性があるが、7世紀前半の間に掘立柱建物への移行が完了していた。これは大和地域全体の傾向と比較しても差がなく、石榴垣内遺跡の所在する山間小盆地でも同様に移行が進んでいたことがわかる。大和東部山間地域の水間遺跡や尾山代遺跡では8世紀代の竪穴建物が検出されているが、「杣」での工房など特別な用途に利用されていた可能性が高い（文献11・26）。

下田東遺跡は古墳時代から掘立柱建物のみで営まれていた。掘立柱建物による古墳時代集落は畿内地域では大阪府大園遺跡や京都府森垣外遺跡に類例がある。いずれも渡来系集団との関わりが強い集落であり、筆者は掘立柱建物導入の背景に渡来系集団の生活様式が影響した可能性を指摘した（文献100）。下田東遺跡でも4世紀末・5世紀初頭の木製馬具や8～9世紀の馬の飼育に関わる木簡が出土しており、古墳時代以来の「牧」の存在が指摘されていることや、隣接する藤ノ木丁遺跡で韓式系土器が出土していることは注目される（文献54）。

（5）官衙、首長居宅、集落

石榴垣内遺跡、下田東遺跡では古墳時代中期以来の集落が8世紀に入って官衙的様相を示すようになる過程を示した。掘立柱建物は大型化し、柱穴は大型の方形掘方をもつものが主体に、柱間や柱筋の通りも整美なものになる。同様に、出土遺物にも変化がみられ、転用硯や円面硯、木簡などの文書行政に関

わる遺物や、墨書土器、斎串、土馬などの律令的祭祀に関わる遺物といった、いわゆる官衙関連遺物を出土するようになる。しかし、建物群が明確な官衙的建物配置をとることはなく、集落の変遷をみる限り、居住集団の大きな変化も想定できない。こうした動向について、古墳時代以来の在地集団が伝統的な集団として成長した結果、周辺地域を管理するような公的役割を担うようになった可能性を提案したい。近年の動態分析では古墳時代集落と飛鳥時代以降の集落が消長や立地の点で継続性が薄いことが筆者を含め注目されてきた。しかし、石榴垣内遺跡や下田東遺跡のあり方からは、その画期に必ずしも影響されない在地集団の存在を想定することができる。

北岡遺跡の成立は6世紀後半から末だが、8世紀中葉に建物群を大きく拡大させる。官道を意識した建物群の立地と配置は建物群の公的機能を示唆する。建物規模は官衙と遜色はないが、倉庫群の比較では地方官衙としては小規模な部類に属する。集落と官衙のちょうど中間的様相といえ、首長居宅の存在形態の一例としてとらえられる。

対して、下ツ道JCTミノ南地区古代1期建物群はそれまでの墓域を整地し、突如として建物群を成立させる。古墳時代以来の在地集団の存在は想定し難く、この段階に新たに整備された官衙とみてよいだろう。この建物群は2期には三ノ坪地区に移り、その体裁をさらに整えていく。

広瀬の指摘に従えば、古代の首長居宅は官衙的建物配置を採用するため、末端官衙と近似した様相をとるようになるが、官衙的建物群が成立する以前の動向に注目することが、官衙と首長居宅を弁別する手がかりともなるだろう。

(6) 居住域と生産域

かつて、坂井秀弥は東・北日本の古代集落遺跡の検討をおこない、7世紀末頃に成立する「律令期集落」が9世紀中葉から後半を境に、「律令期以後の集落（「王朝国家期」）」に移行することを指摘し、分布・構造・景観に関する諸変化をまとめている。その中に、「住居と耕地が離れた住耕分離型の集落から、屋敷地の周辺に耕地としての水田がある住耕一体型の集落への移行」がある。坂井はこの現象について、中世における領主の拠点としての、「館」の成立の起点であると指摘する（文献47）。

坂井が律令期以後の集落に挙げる諸特徴は、今回取り上げた下ツ道JCTミノ南地区3期建物群と一致する点が多い。耕作地をともなう建物群は7～8世紀の集落遺跡では稀であり、8世紀中葉にミノ南地区周辺の耕地化が進められた際、同地区の建物群は一旦廃絶する。先述の石榴垣内遺跡や下田東遺跡でも明確な耕作地は確認されていない。筆者は以前、低地部の面的な開発を目的とする集落の移動（集落再編成）がおこなわれたことを論じたが（文献101）、坂井がかつて指摘した「住耕分離型」の律令期集落から「住耕一体型」の屋敷地的集落へという変遷が畿内地域にも適合する可能性がある。

Ⅷ　おわりに

本稿ではまず、古代集落遺跡研究の研究史を整理し、現状の課題を提示した。本企画では、原点回帰的ではあるが、かつて盛んにおこなわれていた「古代集落遺跡の構造分析」を改めて提案した。ここ10年で大きく発展した集落動態分析の成果を踏まえ、そこで示されたマクロな動向と、集落構造の変遷がいかなる関係をもつかあきらかにしたい。こうした作業を踏まえることで、集落動態の変化をより実態に即してとらえていくことができるだろう。

広瀬和雄の集落・建物群分類を素材に、遺構、建物群の把握方法、分析視角の整理をおこなった。広瀬分類は多くの集落・建物群のパターンをカバーしうるが、倉庫群の扱いや首長居宅同士の階層差など把握しきれていない面がある。また、広瀬分類はあくまで畿内の古代集落の分析のために構築されたものであり、全国各地の集落を考える時には、当然一致しないケースが出てくることが予想される。

最後に、畿内の古代集落遺跡を取り上げ、具体的に検討をおこなった。今回は、集落動態に対する集落構造の変化を意識し、長期的に営まれる集落遺跡を取り上げた。その結果、伝統的な在地集団が古墳時代から古代の集落変動に関わらず存在し続け、8世紀頃に公的機能をもつ集団として変容していく過程を指摘した。これは7世紀以降、新たに設置されていく官衙と「官衙的建物群」を構成する首長居宅の弁別において有効であろう。

反対に、地域の中核的な集落を取り上げたことにより、真に一般的な集落の動向を捉えきれたとは言い難い。こうした長期継続する集落に対して、短期

かつ小規模な集落遺跡が圧倒的に多く確認されているのが実際の状況であり、それが古代集落の一般的な様相であった可能性もある。また、本書桐井・名村報告で指摘があるように（94頁）、短期的な集落遺跡でこそ特定時期の実態がとらえやすいのも事実である。今回は論点として提示するに留まった道路や生産域の問題とあわせて、今後の課題としたい。

　今回取り上げた事例はたった4例にとどまる。本稿で掲げた課題を解決するにはこうした分析作業を各地で進めていかなければならない。しかし、関東では膨大な調査面積をもつ調査事例がある一方、畿内地域では既往の小規模調査の再整理が必要となる。いずれも膨大な作業が予想されるが、こうした地道な作業の先に古代集落の実像がみえてくる。そこで初めて、文献史学をはじめとした他領域との協同が可能となるだろう。諸賢の協力を仰ぎたい。

　当日の報告、本稿の執筆にあたって、野口成美・山川貴美らの助力を得た。また、JSPS科研費（科研費番号20K13241）の成果を含んでいる。

註

（1）古代集落研究史を網羅的に整理した論考は多くあり、詳細はそちらを参照されたい（文献12・50・63・81・104）。
（2）基本的に遺構・遺物の年代は報告書の記述を尊重しているが、分析の都合上、一部表現を変更した部分がある。
（3）報告書では東方の堂垣内地区で確認された8世紀前半の大型井戸を手がかりに、同地区への移動を想定している（文献106）。
（4）調査区のグルーピングは、天野末喜の整理を基本に、土器の出土分布を考慮して、筆者が設定したものであり、上田睦の集落分類とは異なる。また、遺構の時期区分は、1世紀を20年ずつに区分する天野の整理にもとづいたものである。北岡遺跡・葛井寺遺跡の分析にあたって刊行されている報告書を網羅的に取り上げたが、膨大となったため、割愛している。個々の調査区と参考文献の対応は天野・上田両論考を参考にされたい（文献3・14）。
（5）本書清水報告（53頁）、藤村報告（114・115頁）より。

文　献

1　朝尾直弘ほか編『岩波講座 日本通史』第2巻古代1～第4巻古代3、岩波書店、1993・1994。

2　浅野啓介「日本古代における村の性格」『史学雑誌』第123編第6号、公益財団法人史学会、2014。

3　天野末喜「第2章1　北岡・葛井寺地域における古代集落の変遷」『北岡遺跡』藤井寺市文化財報告第13集、藤井寺市教育委員会、1996。

4　石井克己『黒井峯遺跡発掘調査報告書』子持村文化財調査報告第11集、子持村教育委員会、1991。

5　石井克己・梅沢重昭『日本の古代遺跡を掘る4　黒井峯遺跡―日本のポンペイ』読売新聞社、1994。

6　石井陽子「博多湾岸沿岸地域における古墳時代の集落動態」『九州考古学』第84号、九州考古学会、2009。

7　石母田正「古代家族の形成過程―正倉院文書所收戸籍の研究―」『社会経済史学』第12巻第6号、社会経済史学会、1942。

8　市川市史編さん歴史部会（古代）下総国戸籍研究グループ編『下総国戸籍　遺跡編』市川市、2014。

9　市川創『北河堀町所在遺跡発掘調査報告』公益財団法人大阪文化財研究所、2013。

10　井上尚明「七世紀における集落の再編成とその背景」『埼玉県史研究』第20号、埼玉県、1988。

11　今尾文昭「奈良時代「杣」について―奈良・尾山代遺跡の検討―」『橿原考古学研究所論集』第9、奈良県立橿原考古学研究所、1988。

12　岩崎卓也「古墳時代集落研究序説」『古墳文化の新視角』雄山閣出版、1983。

13　岩崎卓也編『季刊考古学』第16号、雄山閣、1986。

14　上田睦「氏族・集落・寺院―河内国志紀郡葛井寺を例にとって―」『古墳時代から飛鳥時代へ』六一書房、2021。

15　宇野隆夫『律令社会の考古学的研究―北陸を舞台として―』桂書房、1991。

16　宇部則保「北三陸の古墳時代集落から古代集落変遷への展望」『考古学ジャーナル』No.669、ニューサイエンス社、2015。

17　江口桂「古代丘陵地の開発と交通路―武蔵・相模国境付近の集落遺跡の検討から―」『日本古代考古学論集』同成社、2016。

18　近江俊秀『古代国家と道路』青木書店、2006。

19　大庭重信ほか『瓜破・瓜破北遺跡発掘調査報告』財団法人大阪市文化財協会、2000。

20　大町健「村落首長と民衆」『政治I　原始・古代・中世』日本村落史講座4、雄山閣出版、1991。

21　大村直「ムラの廃絶・断続・継続」『市原市文化財センター研究紀要』II、財団法人市原市文化財センター、1993。

22　小笠原好彦「畿内および周辺地域における掘立柱建物集落の展開」『考古学研究』第25巻第4号、考古学

研究会、1979。

23 岡林孝作ほか『石榴垣内遺跡』奈良県史跡名勝天然記念物調査報告第70冊、奈良県教育委員会、1997。

24 小田和利「製塩土器からみた律令期集落の様相」『九州歴史資料館研究論集』21、九州歴史資料館、1996。

25 鐘江宏之「郡司と古代村落」『岩波講座日本歴史』第3巻古代3、岩波書店、2014。

26 鐘方正樹ほか『県営圃場整備事業田原東地区における埋蔵文化財発掘調査概要報告書Ⅰ』奈良市教育委員会、2006。

27 河内一浩『高鷲中之島遺跡』羽曳野市遺跡調査会、1994。

28 菊池芳朗「東北地方の古墳時代集落 — その構造と特質 —」『考古学研究』第47巻第4号、考古学研究会、2001。

29 鬼頭清明「八世紀の社会構成史的特質 — 首長制論をめぐって —」『日本史研究』172、日本史研究会、1976。

30 木村礎「日本村落史のこころみ」『駿台史学』27、駿台史学会、1970。

31 桐井理揮・名村威彦「京都府における集落の構造と変遷 — 丹波国桑田郡内におけるケーススタディ —」『古代集落の構造と変遷1』奈良文化財研究所研究報告第30冊、奈良文化財研究所、2021。

32 黒崎直「歴史考古学における集落跡と都城研究」『歴史評論』No.331、歴史科学協議会、1977。

33 群馬県埋蔵文化財調査事業団『三ツ寺Ⅰ遺跡』上越新幹線関係埋蔵文化財発掘調査報告書第8集、1988。

34 小泉裕司「正道官衙遺跡（京都府城陽市）とその検討課題 — 最近の発掘調査から —」『条里制・古代都市研究』第23号、条里制・古代都市研究会、2008。

35 合田幸美「古代の竪穴建物 — 大阪府を中心に —」『大阪文化財研究』第39号、公益財団法人大阪府文化財センター、2011。

36 甲野勇ほか『八王子中田遺跡』資料編Ⅰ～Ⅲ、八王子市中田遺跡調査会、1967～1968。

37 甲元眞之「農耕集落」『集落と祭祀』岩波講座日本考古学4、岩波書店、1986。

38 国立歴史民俗博物館編『国立歴史民俗博物館研究報告』第22集、1989。

39 小島靖彦・辰巳陽一ほか『下田東遺跡』香芝市埋蔵文化財発掘調査報告書第12集、香芝市教育委員会、2011。

40 古代学研究会編『集落から探る古墳時代中期の地域社会 — 渡来文化の受容と手工業生産 — 古代学研究会2012年度拡大例会シンポジウム資料集』2012。

41 古代学研究会編『集落動態からみた弥生時代から古墳時代への社会変化』六一書房、2016。

42 古代学研究会編『古墳時代から飛鳥時代へ』六一書房、2021。

43 近藤義行「南山城の古代集落」『平安京歴史研究』杉山信三先生米寿記念論集刊行会、1993。

44 近藤義郎「共同体と単位集団」『考古学研究』第6巻第1号、考古学研究会、1959。

45 坂井秀弥「庁と館、集落と屋敷 — 東国古代遺跡にみる館の形成 —」『城と館を掘る・読む — 古代から中世へ —』山川出版社、1994。

46 坂井秀弥「律令以後の古代集落」『歴史学研究』681号、歴史学研究会、1996。

47 坂井秀弥『古代地域社会の考古学』同成社、2008。

48 笹生衛「古代集落の変化と中世的景観の形成 — 西上総、小糸川流域の事例を中心に —」『中世の房総、そして関東』千葉県史研究第11号別冊 中世特集号、千葉県、2003。

49 重藤輝行『古墳時代～奈良時代の西日本集落遺跡における倉庫遺構に関する研究』平成26～29年度科学研究費補助金基盤研究（C）研究成果報告書、佐賀大学芸術地域デザイン学部、2018。

50 柴尾俊介「農耕集落論に関する覚え書き — 研究史的整理メモから —」『研究紀要』第12号、財団法人北九州市教育文化事業団、1998。

51 芝ケ原遺跡調査会『芝ケ原遺跡発掘調査報告書』1980。

52 清水眞一『阿部丘陵遺跡群』桜井市教育委員会、1989。

53 清水哲「島名熊の山遺跡の構造と変遷」『古代集落の構造と変遷1』奈良文化財研究所研究報告第30冊、奈良文化財研究所、2021。

54 下大迫幹洋「Ⅴ．古墳時代の香芝」『香芝悠久の歴史』香芝市二上山博物館、2017。

55 杉井健「古墳時代集落研究序論 — 黒井峯遺跡の分析から —」『待兼山考古学論集』大阪大学考古学研究室、2005。

56 杉山秀宏ほか『金井東裏遺跡』公益財団法人群馬県埋蔵文化財調査事業団調査報告書第652集、公益財団法人群馬県埋蔵文化財調査事業団、2019。

57 鈴木一議「古墳時代から飛鳥時代へ — 集落遺跡の分析からみた社会変化 —」『古墳時代から飛鳥時代へ』六一書房、2021。

58 鈴木一議・中野咲「古墳時代後期から飛鳥時代における大和地域の集落動態」『古墳時代から飛鳥時代へ』六一書房、2021。

59 関和彦『風土記と古代社会』塙書房、1984。

60 関口裕子「日本古代における個別経営の未成立 — 黒井峯遺跡を手がかりに —」『日本古代家族史の研究』上、塙書房、2004。

61 高橋一夫「計画村落について」『東国集落遺跡の検討』古代を考える20、古代を考える会、1979。

62 高橋工「長原遺跡および北部周辺地域における古墳時代中期～飛鳥時代の地形環境の変化と集落の動態」『長原遺跡東部地区発掘調査報告』II、財団法人大阪市文化財協会、1999。

63 高久健二「集落」『古墳時代研究の現状と課題』下、同成社、2012。

64 田中元浩「開発の進展と集落の展開からみた畿内地域」『古代学研究』211、古代学研究会、2017。

65 千葉県立房総風土記の丘編『シンポジウム 房総の古墳文化 ― 古代集落研究の現状 ―』1989。

66 辻康男ほか「第VI章第5節　古代の環境と農地開発」『京奈和自動車道　郡山下ッ道ジャンクション建設に伴う遺跡調査報告書』奈良県文化財調査報告書第179集、奈良県立橿原考古学研究所、2020。

67 都出比呂志「農業共同体と首長権」『講座日本史』第1巻、東京大学出版会、1970。

68 都出比呂志「はたして郷戸は最初の個別経営か」『日本史研究』187、日本史研究会、1978。

69 都出比呂志『日本農耕社会の成立過程』岩波書店、1989。

70 土井義夫・渋江芳浩「平安時代の居住形態」『物質文化』49、物質文化研究会、1987。

71 直木孝次郎「古代国家と村落 ― 計画村落の視角から ―」『ヒストリア』第42号、大阪歴史学会、1965。

72 中島皆夫「乙訓南部地域における集落の動向」『立命館大学考古学論集VI』和田晴吾先生定年退職記念論集、立命館大学考古学論集刊行会、2013。

73 中西康裕「大津道に関する一考察」『続日本紀研究』第273号、続日本紀研究会、1991。

74 中野咲「集落の立地に関する諸問題」『古墳時代から飛鳥時代へ』六一書房、2021。

75 奈良文化財研究所編『古代の官衙遺跡』I　遺構編、2003。

76 日本村落史講座編集委員会編『日本村落史講座』第1巻～第9巻、雄山閣出版、1990～1993。

77 能登健ほか「赤城山南麓における遺跡群研究 ― 農耕集落の変遷と溜井灌漑の出現 ―」『信濃』第35巻第4号、信濃史学会、1983。

78 能登健「農耕集落論の現段階」『歴史評論』466号、歴史科学協議会、1989。

79 橋本博文「古墳時代の社会構造と組織」『村落と社会の考古学』現代の考古学6、朝倉書店、2001。

80 服部敬史「古代集落の形と特徴」『日本考古学を学ぶ』(3)、有斐閣、1979。

81 服部敬史「集落論の展開過程」『八王子の歴史と文化：郷土資料館研究紀要』八王子市郷土資料館、1999。

82 原口正三「古代中世の集落」『考古学研究』第23巻第3号、考古学研究会、1977。

83 播磨考古学研究集会編『古代集落からみた播磨』第6回播磨考古学研究集会実行委員会、2005。

84 播磨考古学研究集会編『考古学からみた播磨国風土記』第16回播磨考古学研究集会実行委員会、2016。

85 菱田哲郎「7世紀における地域社会の変容 ― 古墳研究と集落研究の接続をめざして ―」『国立歴史民俗博物館研究報告』第179集、国立歴史民俗博物館、2013。

86 比田井克仁「南武蔵における律令国家形成期の集落動態 ― 多摩郡と豊島郡の比較から ―」『東京考古』第23号、東京考古談話会、2005。

87 廣岡孝信ほか『横田堂垣内遺跡』奈良県文化財調査報告書第143集、奈良県立橿原考古学研究所、2011。

88 広瀬和雄「古墳時代の集落類型 ― 西日本を中心として ―」『考古学研究』第25巻第1号、考古学研究会、1978。

89 広瀬和雄「池田寺遺跡における7・8世紀の集落構成」『大阪府下埋蔵文化財担当者研究会（第2回）資料』大阪府教育委員会、1980。

90 広瀬和雄「畿内の古代集落」『国立歴史民俗博物館研究報告』第22集、国立歴史民俗博物館、1989。

91 広瀬和雄「考古学からみた古代の村落」『岩波講座日本通史』第3巻古代2、岩波書店、1994。

92 広瀬和雄「耕地の開発」『古代史の論点』1、小学館、2000。

93 藤間生大「郷戸について ― 古代村落史の一齣として ―」『社会経済史学』第12巻第6号、社会経済史学会、1942。

94 藤村翔「駿河国富士郡域周辺における古代集落の構造と変遷」『古代集落の構造と変遷1』奈良文化財研究所研究報告第30冊、奈良文化財研究所、2021。

95 古川匠・柏田有香・大坪州一郎「山城地域における集落構造の地域差および古代寺院との関係」『古墳時代から飛鳥時代へ』六一書房、2021。

96 埋蔵文化財研究集会編『集落から見た7世紀 ― 律令体制成立前後における地域社会の変貌 ― 発表要旨資料』2012。

97 松村恵司編『山田水呑遺跡』山田遺跡調査会、1977。

98 松村恵司「古代集落研究の意義」『シンポジウム 房総の古墳文化 ― 古代集落研究の現状 ―』千葉県立房総風土記の丘、1989。

99 松村恵司「古代集落と在地社会」『土地と在地の世界をさぐる　古代から中世へ』山川出版社、1996。

100 道上祥武「掘立柱建物と渡来系集団」『韓式系土器研究』XIV、韓式系土器研究会、2015。

古代集落の諸類型 ― 集落研究の現状と方向性 ―

101 道上祥武「古代畿内における集落再編成と土地開発」『考古学研究』第63巻第4号、考古学研究会、2017。

102 道上祥武「古代西日本の集落遺跡」『ヒストリア』265号、大阪歴史学会、2017。

103 道上祥武「古代畿内の集落と官衙の成立過程に関する一考察」『市大日本史』第23号、大阪市立大学日本史学会、2020。

104 宮瀧交二「第4章第1節　古代東国集落遺跡研究の新展開」『原始・古代日本の集落』同成社、2004。

105 宮瀧交二「村落と民衆」『列島の古代史3　社会集団と政治組織』岩波書店、2005。

106 宮原晋一ほか『京奈和自動車道　郡山下ッ道ジャンクション建設に伴う遺跡調査報告書』奈良県文化財調査報告書第179集、奈良県立橿原考古学研究所、2020。

107 村社仁史『椿井西宮遺跡発掘調査概報』平群町教育委員会、2005。

108 森田悌「八・九世紀の村落 ―土師器集落遺跡とのかかわりにおいて―」『信濃』第29巻第6号、信濃史学会、1977。

109 安村俊史「河内における古代集落の変遷」『日本古代の王権と社会』塙書房、2010。

110 山尾幸久『日本古代国家と土地所有』日本史学研究叢書、吉川弘文館、2003。

111 山田猛「七世紀初頭における集落構成の変質」『考古学研究』第28巻第3号、考古学研究会、1981。

112 吉田晶『日本古代村落史序説』塙書房、1980。

113 吉田孝「律令制と村落」『岩波講座日本歴史』3古代3、岩波書店、1976。

114 吉田知史・道上祥武「河内・和泉地域における古代集落の様相」『古墳時代から飛鳥時代へ』六一書房、2021。

115 歴史科学評議会編『歴史評論』№538、校倉書房、1995。

116 若林邦彦編『木津川・淀川流域における弥生〜古墳時代集落・墳墓の動態に関する研究』同志社大学歴史資料館調査報告第14集、同志社大学歴史資料館、2017。

117 和島誠一「原始聚落の構成」『日本歴史学講座』学生書房、1948。

118 和島誠一・金井塚良一「集落と共同体」『日本の考古学』V　古墳時代（下）、河出書房新社、1966。

挿図出典

図1・6〜8・12・16・19・22・24〜26：筆者作成。

図2〜5：文献90に筆者加筆。

図9〜11：文献23に筆者加筆。

図13〜15：文献39に筆者加筆。

図17・18・20・21：文献106に筆者加筆。

図23：文献3・14に筆者加筆。

表1：筆者作成。

島名熊の山遺跡の構造と変遷

清水　哲（公益財団法人茨城県教育財団）

I　はじめに

　島名熊の山遺跡は、茨城県つくば市島名に所在する。筑波山（標高877m）の南東側に広がる筑波・稲敷台地の中央部に位置し、利根川水系の谷田川右岸の標高13～24mの低地部から台地上にかけて立地している。谷田川流域の地形は、当遺跡より上流域では平坦な台地面が残っている一方、下流域では支谷が樹枝状に発達して谷密度が高くなっている。また、谷田川左岸の台地は霞ケ浦水系との分水嶺であり、遺跡から南へ約1km下流の地点で合流している蓮沼川は、両水系をつなぐ重要な交易路であったと考えられる。すなわち、当遺跡周辺は、陸運と水運の結節点にあたり、交通の要衝であったと推定できる。

　つくば市島名地区は、つくばエクスプレス建設とその沿線の土地区画整理事業にともない、境松・一丁田・前野・前野東・八幡前・本田・中代・関ノ台南B遺跡などの発掘調査が実施されている（図2・表1・2）。古墳時代前・中期には中小の集落が河川沿いの台地縁辺部に散在し、古墳時代後期には当遺跡周辺に集落が集約化される現象が認められ、律令期には当遺跡が「常陸国河内郡嶋名郷」の拠点的な集落として機能し、10世紀以降は当遺跡だけが継続していく遺跡の消長が把握されている。

　当遺跡の発掘調査は、平成7年から平成28年にかけて実施され、21冊の報告書（表2）が刊行されている。総調査面積は269,001m²で、古墳時代（4世紀）から平安時代（11世紀）の竪穴建物2,569棟、掘立柱建物343棟のほか、古墳、溝、井戸、大型円形土坑、鍛冶関連遺構、土器焼成遺構などが確認されている（図3）。また、中世以降も堀や溝による区画や地下式坑、井戸、墓坑からなる墓域などが確認されるなど、長期間にわたる複合的な土地利用の状況があきらかになっている。

　当遺跡の地形（図1）は、南北を深い谷に囲まれており、台地基部から独立した島状を呈している。遺跡の範囲は、南北880m、東西560mである。台地上には複数の支谷が入り込んでおり、谷地形を境界として、北部・北東部・中央部・南東部・南部・西部の6つの区域に区分することができる（文献5）。

　本報告では、島名熊の山遺跡の竪穴建物、掘立柱建物の棟数と規模の推移から「集落構造」を分析し、その変遷と画期について検討する[1]。なお、竪穴建物は一辺8m以上を超大型、8～6mを大型、6～4mを中型、4m未満を小型（以下、一辺の長さの記述を省略し、超大型・大型・中型・小型のみで記載する）とし、掘

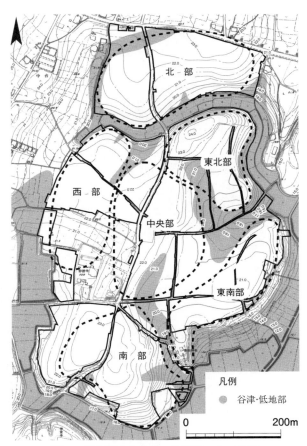

図1　島名熊の山遺跡　地形図　1：8000

凡例
● 谷津・低地部

0　　　　　　　200m

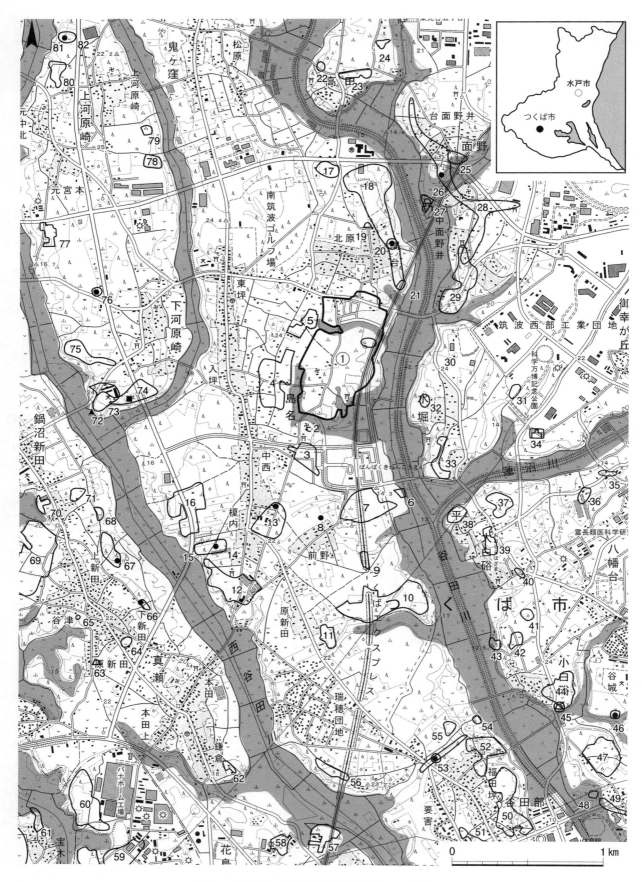

図2　島名熊の山遺跡周辺遺跡分布図　1：25000

表1　島名熊の山遺跡周辺遺跡一覧表

番号	遺跡名	旧石器	縄文	弥生	古墳	奈良・平安	鎌倉・室町	江戸
①	島名熊の山遺跡	○	○	○	○	○	○	○
2	島名薬師遺跡				○			
3	島名八幡前遺跡				○	○	○	
4	島名本田遺跡				○	○		○
5	島名中代遺跡				○			
6	島名前野遺跡		○			○		
7	島名前野東遺跡	○	○		○	○	○	○
8	島名前野古墳				○			
9	島名一町田遺跡				○	○		
10	島名境松遺跡	○	○		○			
11	島名タカドロ遺跡		○		○			
12	島名榎内南遺跡	○			○	○		
13	島名榎内古墳群				○			
14	島名榎内西古墳群				○			
15	島名榎内遺跡				○			
16	島名ツバタ遺跡	○	○		○		○	○
17	島名関の台遺跡				○			
18	島名関ノ台古墳群				○			
19	島名関ノ台塚						○	○
20	島名関ノ台南A遺跡				○	○		
21	島名関ノ台南B遺跡	○	○		○			
22	高田和田台遺跡				○			
23	高田遺跡				○			○
24	高田原山遺跡				○	○		
25	面野井北ノ前遺跡	○						
26	面野井西ノ台塚						○	○
27	面野井城跡						○	
28	面野井古墳群				○			
29	面野井南遺跡				○	○		
30	水堀下道遺跡				○	○		
31	水堀遺跡				○			
32	水堀屋敷添遺跡		○		○			
33	水堀道後前遺跡					○		
34	大和田氏屋敷跡						○	○
35	柳橋仲畑遺跡				○		○	
36	柳橋遺跡				○		○	
37	平北田遺跡	○	○		○	○		
38	平後遺跡				○		○	
39	大白硲西ノ裏遺跡				○			
40	大白硲桜下遺跡				○			
41	大白硲民部山遺跡				○			
42	小白硲民部山遺跡				○			
43	小白硲水表遺跡				○			
44	小白硲海道端遺跡		○				○	○
45	小白硲海道端塚群						○	○
46	谷田部カロウド塚古墳				○			
47	谷田部台成井遺跡		○					
48	谷田部下成井遺跡		○					○
49	谷田部台町古墳群				○			
50	谷田部福田前遺跡		○		○	○		
51	谷田部漆出口遺跡		○		○		○	○
52	谷田部福田遺跡		○					
53	谷田部大堀遺跡						○	○
54	谷田部山合遺跡		○				○	
55	谷田部陣馬遺跡		○		○			
56	谷田部漆遺跡				○	○		
57	上萱丸古屋敷遺跡				○		○	○
58	真瀬三度山遺跡		○		○			
59	二本松遺跡						○	○
60	西山遺跡						○	○
61	苗代山遺跡		○					
62	真瀬戸崎遺跡				○		○	○
63	真瀬西原遺跡						○	○
64	真瀬中畑遺跡		○		○			○
65	真瀬新田谷津遺跡		○					
66	真瀬新田古墳群				○			
67	真瀬堀附南遺跡		○		○			
68	真瀬堀附北遺跡				○			
69	真瀬山田遺跡				○	○		
70	真瀬山田北遺跡		○		○			
71	鍋沼新田長峰遺跡		○		○			
72	下河原崎高山窯跡					○		
73	下河原崎高山遺跡			○				
74	下河原崎高山古墳群				○			
75	下河原崎谷中台遺跡	○	○		○	○		
76	下河原崎古墳群			○				
77	元宮本前山遺跡	○	○		○			
78	元中北東藤四郎遺跡				○			
79	元中北鹿島明神古墳				○			
80	上河原崎本田遺跡				○	○		○
81	上河原崎小山台古墳				○			
82	上河原崎八幡脇遺跡				○			

表2　周辺遺跡の変遷

遺跡名		報告書 ※数字は、『茨城県教育財団文化財調査報告』集番号	郷名	古墳前期	古墳中期	6C前 SI	6C前 SB	6C中 SI	6C中 SB	6C後 SI	6C後 SB	7C前 SI	7C前 SB	7C中 SI	7C中 SB	7C後 SI	7C後 SB	8C前 SI	8C前 SB	8C中 SI	8C中 SB	8C後 SI	8C後 SB
島名熊の山遺跡	北部	120・133・149・166・174・190・214・236・264・280・291・322・328・360・380・389・390・403・431・432・437	嶋名郷	15	2			22		60	1	66	1	33		12		16	4	28	14	47	27
	北東部			44	6	5		27		57		56		12	1	7		19		26	2	22	2
	中央部			1	1	2	1	25	1	68	1	72	1	43	2	21	4	36	2	37	11	35	24
	南東部			20	7	1		5		20		23		16		14		37	3	32	4	28	
	南部				5			5		49		63		38	1	30	4	28	12	33	16	23	26
	西部			9	2			10		36		37		27		7		10		9	1	9	2
	全体			89	23	8	1	94	1	290	2	317	2	169	4	91	8	146	21	165	48	164	81
島名中代遺跡		438		1	1							1				3		3		7		13	
島名本田遺跡		454			14					2		2		6		10		19		9	2	6	5
島名八幡前遺跡		201・283			1					8		8				7		37	3	20	7	12	10
島名前野東遺跡		191・214・281・439		10	41	1		16		19		1		1		1		2	1	12	3	9	
島名前野遺跡		175		10	4											1				2		6	
島名境松遺跡		281				1		5		1													
島名一町田遺跡		230		1																			
島名関ノ台南B遺跡		231			2																	1	
面野井北ノ前遺跡		231																					
島名ツバタ遺跡		22・282			24	2				2		3											
元宮本前山遺跡		265			32																		
下河原崎谷中台遺跡		282			23	2		6		9		5											
金田西遺跡 金田西坪B遺跡 東岡九重廃寺		195・209・435・443	菅田郷													33		5	26	6	13	18	31
東岡中原遺跡		155・159・170・251																31	14	68	32	65	25
上野古屋敷遺跡		285・307・324・334		28	21													3		2		2	
上野陣場遺跡		182・323		5	2					22		24		9		16		18	2	6		4	
柴崎遺跡		54・63・72・93			6					32				7				28		28		18	
下平塚蕪木台遺跡		326・363								2				2		1		21	6	21	6	20	4
苅間六十目遺跡		160																2		2		8	
苅間神田遺跡		121・134・183		1	7	1				4		3				1		1		11		17	
平北田遺跡		336			7			5		14		2											
谷田部漆遺跡		191	八田部郷		24																		
西栗山遺跡		119・349			7					7		14											
根崎遺跡		119・349			7					4		1						6					
真瀬三度山遺跡		132			7																		
上萱丸古屋敷遺跡		132			1																		
梶内向山遺跡		199			5	4		11		3										3		11	
下大井遺跡		171・197			1	2				4		1										6	
鎌田遺跡		176	大山							1		1		2		2		12		9	1	19	8

9C前		9C中		9C後		10C前		10C中		10C後		11C前半		11C後半		不明		SI	SB	備考
SI	SB	SI	SB	SI	SB	SI	SB	SI	SB	SI	SB	SI	SB	SI	SB	SI	SB	総数	総数	
26	15	30	11	23	9	2	2	1	1	2		1	1				4	386	90	
10	2	19		16	2	13		10		12		19	1	1		33		414	10	
28	16	25	9	26	12	10	1	20		28		43		17		37	3	575	88	
35	3	43	4	28	3	23	6	26	1	41	2	44		21		29		493	26	拠点的集落
29	18	43	22	33	19	17	2	23		25	1	39		10	1	18	1	511	123	
4	1	16		7		1										6	2	190	6	
132	55	176	46	133	45	66	11	80	2	108	3	146	2	49	1	123	10	2,569	343	
4	1	3		5														41	1	8CSB7棟、9CSB7棟
6	1	10	3	4		3		1		1								93	11	8～10C鍛冶工房 把手付中空円面硯 腰帯具7
8	1	13	3	16	7													130	31	8・9C鍛冶工房
																		113	4	4C方形周溝墓 短期型集落 8C中区画 「寺」「手札」「新田」墨書 14C方形居館
																		23		8C井戸・遺物包含層
																		7		
																		1		
			2															5		9C鍛冶工房 三彩、鉄鉢形土器
																				6C円墳
																		31		
																		32		5C石製模造品製作跡
																		45		5C琴柱形石製品
22	22	45	2	12	3	1												142	97	7C後前身集落 8C前～9C中郡衙・郡寺 9C中・後一般集落
54	16	66	6	120	17	36	4											440	114	郡衙周辺集落
4		7		9		3		2										81		
7		18		13		7		11										162	2	9CSB25棟
14		24		37		9		94										297		
25	6	46	15	31	8	12	1	4										185	46	拠点的集落
13	1	8	5															33	6	4C方形周溝墓
19		15		19		22		5										126		8C～9C大形井戸
																		28		6C鍛冶工房
																		24		
																		28		
								3										21		
																		7		
																		1		
11		9		11		1		3		3								75		6C豪族居館
9	1			1														24	1	8C四面廂建物 仏教関連遺物
15	4	15	6	7	2													83	21	拠点的集落 官衙的様相

51
島名熊の山遺跡の構造と変遷

凡例

⬤　谷津・低地部

0　　　　　　　　100m

図3　島名熊の山遺跡　遺構全体図（古墳時代〜平安時代）　1：4000

立柱建物は、面積40m²以上を大型とした。

Ⅱ　竪穴建物の棟数と規模の推移

竪穴建物は、総数2,569棟で、時代別には、古墳時代（4〜7世紀）1,062棟、奈良時代（8世紀）475棟、平安時代（9〜11世紀）890棟で、時期不明142棟である。

当遺跡における集落の初現は、古墳時代前期（4世紀）で、竪穴建物は89棟（前葉5、中葉33、後葉36、不明15）が確認されている。形状は方形を基調とし、4本の主柱穴を配し、北辺の柱穴間に炉が付設される形態が一般的である。規模は超大型が1棟（1.4%）で、大型と小型が22%前後、中型がほぼ半数の55%を占めている。主軸方向は北西方向を指向しているものが多いが、統一性はない。

古墳時代中期（5世紀）は、23棟（前葉9、中葉3、後葉7、不明4）で、棟数は減少している。形状や内部構造、主軸方向などに大きな変化はない。規模は大型が37%に増加し、中型が53%、小型が10%で、大型

化の傾向が認められる。

古墳時代後期（6・7世紀）は、6世紀が392棟（前葉8、中葉94、後葉290）、7世紀が577棟（前葉317、中葉169、後葉91）である。6世紀前葉は、確認された棟数がもっとも少なく、散村的な様相を示している。当期は、本県における竈の導入期であり、以後、竪穴建物の北壁中央部に竈が付設された形態が一般化する。6世紀中葉以降は、棟数が急増し、6世紀後葉には爆発的な増加傾向を示している。7世紀前葉に最大のピークを迎えるが、7世紀中葉以降は減少傾向に転じている。規模についてみると、北東部に位置する第2930号竪穴建物（12.0×11.8m、床面積141.4m²、6世紀後葉）を筆頭に、超大型が63棟存在しており、各集団の中心的な施設として機能していたと考えられる。超大型と大型は6世紀中葉をピークに、42%→13%に減少する一方、小型が12%→27%に増加し、特に7世紀中葉以降は小型化・均質化する傾向がみられる。主軸方向は前代同様に北西方向を指向し、一部、真北に近い方位を指向するものも混在し

表3　竪穴建物の規模の推移

	4C前	4C中	4C後	5C前	5C中	5C後	6C前	6C中	6C後	7C前	7C中	7C後	8C前	8C中	8C後	9C前	9C中	9C後	10C前	10C中	10C後	11C前半	11C後半	時期不明	合計
8m以上	0	1	0	0	0	0	1	13	24	20	4	1	0	1	0	0	0	0	0	0	0	0	0	0	65
6〜8m	1	10	4	4	1	2	1	26	65	83	39	11	10	13	12	7	10	7	2	2	1	0	0	4	315
4〜6m	3	15	21	4	2	4	1	42	156	163	92	53	80	75	74	60	71	43	21	18	14	44	12	43	1,115
4m未満	1	6	9	1	0	1	1	11	36	46	30	24	55	75	77	65	91	81	41	60	91	99	36	75	1,012
規模不明	0	1	2	0	0	0	0	2	9	5	4	2	1	1	1	0	4	2	2	0	2	3	1	20	62
総　数	5	33	36	9	3	7	8	94	290	317	169	91	146	165	164	132	176	133	66	80	108	146	49	142	2,569

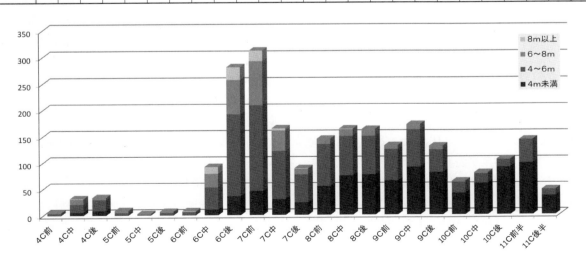

ている。近接する竪穴建物の軸方向が一致する傾向
があり、建物の配置は集団単位で規制がはたらいて
いた可能性がある。

奈良時代（8世紀）は、475棟（前葉146、中葉165、後葉
164）が該当する。当期は、集落の再編期であり、8世
紀前葉に中央部に一辺70m（2/3町＝40歩）の方形区
画が出現し、中葉には集落域全体を取り囲む大溝が
掘削されている。建物は区画を意識した形で配置さ
れ、主軸方向が真北を指向するようになる。棟数は
150〜160棟の間で安定的に推移している。規模は、
超大型がほぼ姿を消し、大型も7〜8％に減少する。
一方で中型が55％→45％、小型が38％→47％と変化
し、小型化・均質化が進行している。

平安時代初頭（9世紀）は、441棟（前葉132、中葉176、
後葉133）である。40棟ほどの増減はあるものの、継
続して安定的に集落が営まれている。規模は大型が
5％前後で、中型が46％→33％に減少し、小型が
49％→62％に増加している。小型化にともない、主
柱穴が2本あるいは主柱穴をもたない構造の建物が
増加している。方形区画や大溝は廃絶・埋没してい
るが、建物の配置や主軸方向に変化は認められず、
区画への意識は踏襲されていると考えられる。

平安時代中頃（10・11世紀）は、10世紀が254棟（前
葉66、中葉80、後葉108）、11世紀が195棟（前半146、後
半49）である。10世紀前葉に前代の半数ほどに減少し、
再び増加傾向を示しているが、11世紀には集落が徐々
に衰退していったと考えられる。規模は小型化がさ
らに進み、小型が64〜86％を占めるようになる。大
型は10世紀に各期1〜2棟が存在し、11世紀以降に
は姿を消している。また、正方位を意識した建物配
置はみられなくなり、竈が東壁に付設される竪穴建
物が増加し、10世紀前葉は42％（9世紀後葉は11％）で、
10世紀中葉以降には68〜73％を占めている。

Ⅲ　掘立柱建物の棟数と構造の推移

掘立柱建物は、総数343棟で、時代別には、古墳
時代18棟、奈良時代150棟、平安時代165棟、時期
不明10棟である。8・9世紀代におよそ9割が集中
しており、8世紀前葉が21棟で、8世紀後葉の81棟
がもっとも多く、その他の時期は50棟前後で推移し
ている。構造別にみると、廂付建物が13棟、無廂建
物が260棟、総柱建物が38棟、不明32棟である。床
面積が40m²を超える大型建物は34棟（廂付8、無廂

22、総柱4）で、7世紀後葉と10世紀前葉の特殊な建
物群（廂付3、総柱1）を除くと、居住施設とみられる廂
付建物や穀稲保管の「倉」と想定される総柱建物は、
きわめて限定的である。また、側柱建物では桁行3
間×梁行2間（以下、○×○間と表記）が196棟、2×2
間が28棟、総柱建物では2×2間が29棟で、全体の
8割以上を占めている。これらの建物は、頴稲保管
の「屋」や小型の納屋といった倉庫と考えられる。

当遺跡における掘立柱建物の出現期は、古墳時代
後期（6・7世紀）で、6世紀は4棟（前葉1、中葉1、後
葉2）、7世紀は14棟（前葉2、中葉4、後葉8）が該当す
る。6世紀〜7世紀前葉は2×2間の小型建物のみ
で、7世紀中葉以降に3×2間の側柱建物がともな
うようになる。桁行方向は、竪穴建物と同様に北西
方向を指向している。7世紀後半には、第57号掘立
柱建物（6×3間・三面廂側柱・身舎80.9m²）、第55号掘
立柱建物（5×2間・総柱・75.6m²）、第599号掘立柱建
物（5×2間・二面廂総柱・身舎67.0m²）の3棟の大型建物
が出現する。特に、第57号掘立柱建物は、奈良文化
財研究所『古代の官衙遺跡　Ⅰ遺構編』（文献8）にお
ける「身舎非一体型の廂」の部分的変則的な廂（F②Ⅱ
類）と同じ構造で、類例としては栃木県上神主・茂原
官衙遺跡（SB48・57・91）、落合遺跡（下野薬師寺下層）
（SB4014）、長者ヶ平遺跡（SB10）、広島県大宮遺
跡（SB7・8）、大分県城原・里遺跡（SB012）がある。
「古墳時代からの建築技法が受け継がれたもの」であ
り、「公的機能を有する象徴的な建物」、郡衙の「館の
主屋」や「役宅」として機能した可能性が指摘されて
おり注目される（文献4・5）。

奈良時代（8世紀）は、150棟（前葉21、中葉48、後葉
81）が該当する。8世紀前葉は、南部の台地縁辺部
に掘立柱建物群が形成されている。7世紀後葉の
小群から拡大した建物群であり、南北軸が北西方向
に振れる古墳時代以来の特徴がみられる。第179号
掘立柱建物（4×2間・無廂・39.6m²）が中心的な施設
で、8世紀中葉の第506号掘立柱建物（5×2間・無廂・
44.7m²）、8世紀後葉の第503号掘立柱建物（4間以上
×3間・片廂・身舎38.9m²以上）へと引き継がれている。
また、南東部に半島状に突き出した台地の先端部に
は第583号掘立柱建物（5間以上×3間・無廂・47.5m²以
上）があり、前面の低地部の湧水点を利用した祭祀場
（井戸＋遺物包含層）（文献3）との関連が想定され、次期
には第584号掘立柱建物（4×2間以上・無廂・30.4m²以

上) へ建て替えられている。8世紀中葉には集落域を取り囲む大溝を意識した正方位の建物が増加し、各所に大型の竪穴建物と複数の掘立柱建物からなるまとまりが形成されている。8世紀後葉には、中央部に掘立柱建物を中心に構成される建物群が出現している。なかでも、第35号掘立柱建物 (3×3間・総柱・54.0㎡) は郡衙の正倉と類似する規模・構造をもつ大型の総柱建物であり、穀稲保管の「倉」ととらえられる (文献4)。

平安時代初頭 (9世紀) は、146棟 (前葉55、中葉46、後葉45) が該当する。棟数は減少傾向にあるものの、8世紀代に出現した建物群が同位置あるいは近接し

表4　掘立柱建物の構造と規模の推移

		6C代	7C前	7C中	7C後	8C前	8C中	8C後	9C前	9C中	9C後	10C前	10C中	10C後	11C前半	11C後半	不明	合計
構造	廂 付				2		1	3	1	2	3	1						13
	無 廂	1	1	2	4	14	37	65	47	33	36	7	1	2	2	1	7	260
	総 柱	2		1	2	3	4	6	5	6	4	2	1				2	38
	不 明	1	1	1		4	6	7	2	5	2	1		1			1	32
	合 計	4	2	4	8	21	48	81	55	46	45	11	2	3	2	1	10	343
面積	40㎡～				3	3	4	6	7	4	5	1		1				34
	30～40㎡			1	2	1	5	18	13	19	13	4		1	1	1	1	80
	20～30㎡	1		1	3	8	24	38	20	9	16	4	2	1			3	130
	～20㎡	2	2	1		5	9	12	13	9	9	1					5	68
	不 明	1		1		4	6	7	2	5	2	1		1			1	31
	合 計	4	2	4	8	21	48	81	55	46	45	11	2	3	2	1	10	343

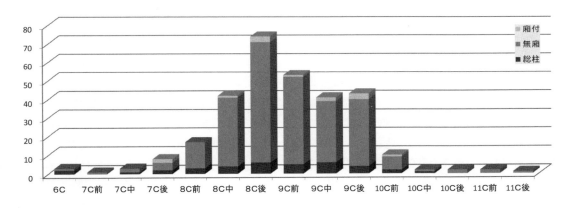

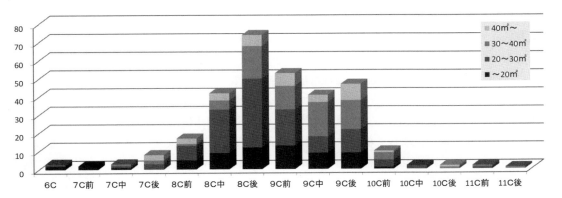

島名熊の山遺跡の構造と変遷

た位置で建て替えをおこないながら存続している。当期の大型建物としては、9世紀前葉の二面廂建物と推定される第87A号掘立柱建物、9世紀中葉の第80B号掘立柱建物（4×2間・二面廂・54.1m²）、第89号掘立柱建物（3×2間・総柱・44.7m²）、9世紀後葉の第80A号掘立柱建物（4×2間・無廂・55.5m²）、第75号掘立柱建物（4×3間・無廂・53.0m²）があげられる。いずれも中央部の西南寄りに占地している集団の中心施設であり、他の集団が徐々に縮小していく中、邸宅化していく様相が見て取れる。

平安時代中頃（10・11世紀）は、10世紀が16棟（前葉11、中葉2、後葉3）、11世紀が3棟（前半2、後半1）で、掘立柱建物群はほぼ姿を消す。その中で、10世紀前葉の南東部の台地縁辺部における第131号掘立柱建物（4×2間・三面廂・身舎45.5m²）、第95号掘立柱建物（4×2間・総柱・37.3m²）などからなる一群は特異的な存在である。同じ建物群内の第1253号竪穴建物からは写経に用いられた可能性がある金付着灰釉陶器が出土しているほか、周辺の遺構からは鉄鉢形土器や灯明皿などが出土していることから、第131号掘立柱建物は仏堂的な建物、第95号掘立柱建物はそれに付属する倉庫の可能性が考えられる。

Ⅳ　集落構造の変遷と画期

以上の検討を踏まえ、2世紀ごとの集落構造の変遷について述べる。

古墳時代前・中期（4・5世紀、図4・5）は、当遺跡における集落の出現期であり、4世紀前葉に遺跡北東部において5棟からなる小規模な集団が出現する。4世紀中～後葉には、同集団が10数棟の比較的大きなまとまりをみせ、北部、南東部、西部にも各期2～9棟の小集団が形成されるようになる。中期になると、集落は小規模になり、単一棟あるいは2～4棟の小集団が散在し、断続的なあり方を示している。古墳時代前・中期は、集落が東側の谷田川低地や遺跡の南北に入り込んだ谷に面した台地縁辺部に立地している。台地裾の自然湧水を利用した谷水田を生業基盤とし、可耕地を求めて小集団が移動を繰り返していたと想定される。

古墳時代後期（6～7世紀、図6～11）は、台地上全体に集落域が拡大する成長期で、以後、継続する大集落の素地が形作られていく。6世紀前葉に北東部の台地縁辺部に小規模な集団が出現し、6世紀中葉に

は台地上の北半部、6世紀後葉には台地上の全域に集落域が拡大し、7世紀前葉にピークを迎えている。北東部の集団は、一辺12mの最大規模の大型竪穴建物を中心に、一辺8m以上の大型竪穴建物が集中していることから、大規模開発の先導的な役割を果たしたと考えられる。集落の構造は、大型竪穴建物を中心に複数の中・小型竪穴建物がともなう形で構成されており、掘立柱建物は2×2間の小型の倉庫がわずかに散見される程度である。また、建物の軸方向は、集団単位では概ね北西方向に揃っているように見受けられるが、採光や風向き、地形の起伏や集落の動線といった地理的な条件に即して配置されているようである。7世紀中葉以降、集落は縮小傾向に転じ、その傾向は北部・北東部・西部において顕著である。7世紀後葉に出現する3棟の大型掘立柱建物は、規模や構造の面で突出しており、その評価については今後の課題としたい。

奈良時代から平安時代初頭にかけて（8・9世紀、図12～17）は、当集落の成熟期であり、律令制下において、安定的に集落が営まれている。中央部に出現する一辺70m（2/3町＝40歩）の方形区画を起点とし、区画の西辺から台地上を取り囲む大溝が掘削され、さらに、北部の谷の対岸の集落域にも同一延長線上に溝による区画が現れている。こうした区画の存在は、その埋没後も土地利用に大きく影響している。8・9世紀代の建物群の確認状況からは、方形区画と同規模の範囲内で継続的に建て替えがおこなわれている様子が見て取れ、集落域全体を包括する方格地割の存在がうかがえる（図23）。当期は、竪穴建物の軸方向が正方位に変わり、8世紀中葉以降には、中央部の方形区画の北側と西側、北・南部に掘立柱建物を主体とする建物群が形成され、他の集団内にも中・小型の倉庫とみられる掘立柱建物がともなうようになる。当遺跡における掘立柱建物は、倉庫とみられる3×2間の側柱建物や2×2間の総柱建物が中心で、居住施設としての廂付建物や「倉」としての大型総柱建物の存在は限定的である。こうした小型の掘立柱建物群が同時期に複数存在するあり方は、「複数の有力者層、あるいは有力な戸が存在していたことを意味」している（文献7）。

平安時代中頃（10・11世紀、図18～22）は、当集落の減退期で、掘立柱建物が消失し、東壁に竈をもつ小型の竪穴建物を主体とした均質な集落景観に変化し

凡例

谷津・低地部

大型建物

0　　　　　　　　　100m

図4　島名熊の山遺跡　遺構全体図（4世紀）　1：4000

凡例

　谷津·低地部

■　大型建物

0　　　　　　100m

図5　島名熊の山遺跡　遺構全体図（5世紀）1：4000

凡例

⬤ 谷津・低地部

◼ 大型建物

0　　　　　　　100m

図6　島名熊の山遺跡　遺構全体図（6世紀前葉）　1：4000

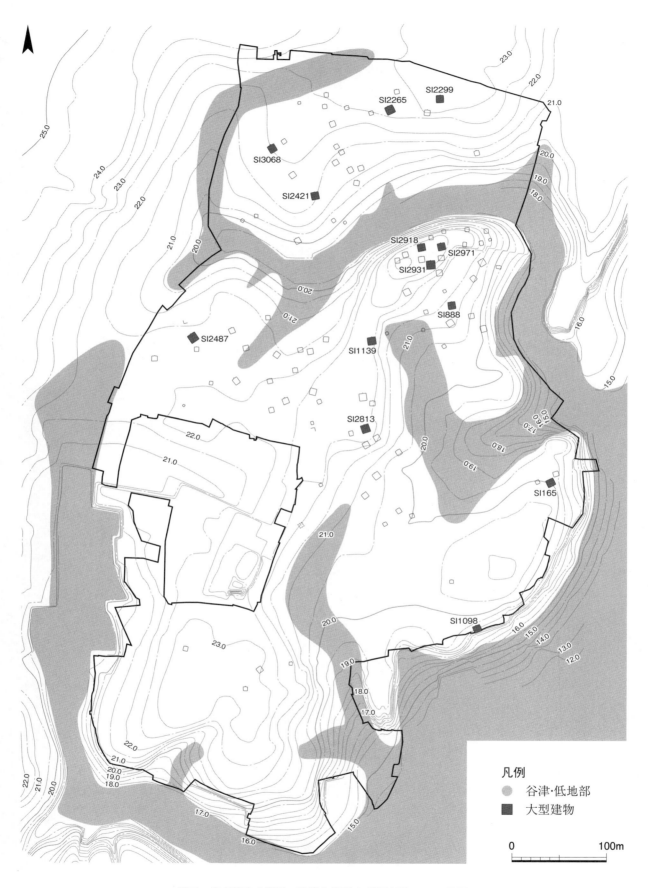

凡例

谷津・低地部

大型建物

0　　　　　　　　　100m

図7　島名熊の山遺跡　遺構全体図（6世紀中葉）　1：4000

図8　島名熊の山遺跡　遺構全体図（6世紀後葉）　1：4000

凡例

谷津・低地部

大型建物

0　　　　　　　　100m

61

島名熊の山遺跡の構造と変遷

図9　島名熊の山遺跡　遺構全体図（7世紀前葉）　1：4000

凡例

谷津・低地部

大型建物

0　　　　　　　　　　100m

SI2981
SI2860
SI658
SI2677

凡例

谷津・低地部

大型建物

0　　　　　　　　100m

図10　島名熊の山遺跡　遺構全体図（7世紀中葉）　1：4000

64

凡例

⬤ 谷津・低地部

■ 大型建物

0　　　　　　　100m

図11　島名熊の山遺跡　遺構全体図（7世紀後葉）　1：4000

SB407

SI886
SI896
SI1144

SI639

SI1087

SI3077

SI2631
SI2636

SI1608　SB179　　　SB583

SI1638

凡例

谷津·低地部

大型建物

0　　　　　　　100m

図12　島名熊の山遺跡　遺構全体図（8世紀前葉）　1：4000

凡例

谷津・低地部

大型建物

0　　　　　　　　　　100m

図13　島名熊の山遺跡　遺構全体図（8世紀中葉）　1：4000

SI2077
SI2181
SI2085
SI2115
SI2098
SI2043

SB34
SI855

SB35
SI720

SB107
SB71
SB84
SI1370

SI3079B
SI2668

SB503
SI1637

凡例
谷津・低地部
大型建物

0　　　　　　　　　100m

図14　島名熊の山遺跡　遺構全体図（8世紀後葉）　1：4000

67

島名熊の山遺跡の構造と変遷

図15　島名熊の山遺跡　遺構全体図（9世紀前葉）　1：4000

SB309B
SI2292

SI3031

SI918

SB89
SI1212
SB80B
SI1233 SI1239
SB94

SI2627

SI1741A
SI3082B
SB147

SI2623

SI1641

SI2780

凡例

谷津・低地部

大型建物

0　　　　　　　　100m

図16　島名熊の山遺跡　遺構全体図（9世紀中葉）　1：4000

凡例

● 谷津・低地部

■ 大型建物跡

0　　　　　　　100m

図17　島名熊の山遺跡　遺構全体図（9世紀後葉）　1：4000

SI1221　SB75
SI1241
SB102　SB80A
SI1236
SB196
SI3022
SB484　SI2665
SI2688
SI2806

凡例

谷津・低地部

大型建物

0　　　　　　　　100m

図18　島名熊の山遺跡　遺構全体図（10世紀前葉）　1：4000

71

島名熊の山遺跡の構造と変遷

凡例

⬤ 谷津・低地部

◼ 大型建物

0   100m

図19 島名熊の山遺跡 遺構全体図（10世紀中葉） 1：4000

SI1111

SB6

SI282

SI1690

SI2514

SI1310

SI1628

凡例

谷津・低地部

大型建物

0   100m

図20　島名熊の山遺跡　遺構全体図（10世紀後葉）　1：4000

凡例

  ● 谷津・低地部

  ■ 大型建物

0   100m

図21　島名熊の山遺跡　遺構全体図（11世紀前半）　1：4000

凡例

● 谷津・低地部

■ 大型建物

0   100m

図22 島名熊の山遺跡 遺構全体図（11世紀後半） 1：4000

凡例

⬤ 谷津・低地部

◼ 大型建物

0　　　　　　　　100m

図23　島名熊の山遺跡　方格地割復元案 (奈良・平安時代)　1：4000

ている。北部や西部では早い段階で建物が姿を消し、中央部や南東部に集落域が移動している。建物群は南西－北東軸方向に列状に配置され、台地の高所から縁辺部へ雛壇状に並んでいるようにみえることから、集落内の土地利用や動線に大きな変化があったことが推定される。

V　墨書土器からみた集団

　ここでは、奈良・平安時代の墨書土器の分布状況についてふれ、当集落の集団について考察したい。

　当遺跡では、1,195点の墨書土器が出土している。出土地点の内訳は、台地上の集落域から343点（竪穴建物275、掘立柱建物12、溝1、井戸11、土坑15、大形竪穴遺構4、遺構外25　**図24**）、南東部の低地部（井戸316、溝1、遺物包含層493、遺構外42）から852点である。台地上から出土した主な文字は、「大＋土」（あわせ文字）29、「大」23、「ナ」20、「石」18、「城内・城内盂」9、「万」9、「川」9、「巳＋人」（あわせ文字）8、「育」7、「子・子淡水」7、「十」6、「井」6、「大井」5、「田前」5、「主」5、「上山」4、「家」4、「天福・智福・福集・福」4、「天」3、「門・子鼻門」3、刻書・ヘラ書「×」10などで、円面硯の内面に墨書された「大殿墨〃研」、須恵器甕の体部に焼成前にヘラ書きされた掛け算九九も当遺跡の特徴的な文字資料である。文字の分布は、大溝を境に東側で出土する文字（大・ナ・城内・万・川・育）と西側で出土する文字（大＋土・石・巳＋人）に分けることができる（**図25**）。大溝の東側で出土する文字のなかは、「大」「ナ」は広範囲に分散し、「城内」は北半部、「万」は南半部、「川」「育」は南部に偏りがある。西側で出土する文字では、「大＋土」が中央部、「巳＋人」が南東部、「石」が西南部に分布の中心がある。北部（大井・穴井）、北東部（上山）、南部（田前・主）にも集中的に分布している文字がみられることから、それぞれの集団がもつ標識文字と捉えることができる。ただし、「大＋土」「大」「ナ」「石」「城内」「万」「川」などの出土点数が多い文字は、北部西半、西部、南東部といった掘立柱建物の棟数が少ない区域で飛び地的に出土する傾向がある。掘立柱建物をともなう建物群に居住する集団と竪穴建物を中心に構成される区域に居住する集団との性格の違いを示唆していると考えられる。

　南東部の低地部には、湧水点付近に井戸を設け、そこから溢れた水が流れる溝と凹地で構成された水場が確認されている。墨書土器を含む多量の土師器、須恵器の供膳具、布の長さが記された荷札木簡（釈文：「・道〃浄人」、「・□長三尋一尺七□（寸〃）」）、木製の農具（鍬先・竪杵・横槌）、櫛、漆器高台付杯・皿、曲物、祭祀具（刀形）、1,017点の桃核やクリ・クルミ・ヒョウタン・ウリの種子類などが出土し、7世紀前葉から9世紀後葉まで機能した祭祀場であったと考えられる。文字については、郷名の「嶋名」31点をはじめ、「巳＋人」179、「川」111、「多前・田前」42、「宅」31、「新殿」25、「ナ」23、「山人」18、「麻」11、「家」10、「万」8、「南」7、「城内」6、「井」5、「大＋土」5などで、「嶋名」「巳＋人」「多前」「宅」「新殿」「城内」「山人」「家」「麻」が8世紀代、「川」「田前」「ナ」「万」「南」「大＋土」が9世紀代に盛行する。出土点数の多い「巳＋人」「川」「田前」などは、台地上の近接した位置にも分布しており、水場を管理していた集団の文字とみられる。また、他の集団の標識文字と考えられる文字が多数出土していることは、集落全体で墨書土器を使用した祭祀が執りおこなわれていたことを示しており、その内容は、古墳時代以来の在地的な農耕儀礼であったと考えられる。

　このように、当遺跡は、古墳時代以来の伝統を色濃く残す血縁・地縁的な結びつきの強い諸集団によって、連綿と営まれた大規模集落であり、地方の在地社会の実像を示す貴重な例である。

註

（1）竪穴建物・掘立柱建物を分析するにあたり、以下の基礎作業をおこなった。作業では当財団職員の萩原宏季氏、根本佑氏両名にご助力をいただいた。記して感謝申し上げます。

①　時期の再検討…4〜10世紀を3期、11世紀代を2期に区分した。時期の判定は、稲田義弘氏による当遺跡出土土器の変遷にもとづいた（文献1・2）。なお、既刊の報告書から時期を変更したものは、その責は筆者にある。

②　一覧表の作成…位置・規模（長軸・短軸・面積）・主軸（桁行）方向・竈／炉・内部施設・桁×梁（間）・構造（総柱／無廂（側柱）／廂付）・時期・出土遺物・焼失等の情報を集成した。

③　遺構全体図の作成…時期ごとにレイヤーを分け、縮尺4000分の1の全体図を作成した。

④　大型建物の抽出…遺構全体図では、竪穴建物が一辺6m以上、掘立柱建物が面積40m²以上の大型建物をアミ伏せして図示した。ただし、竪穴建

78

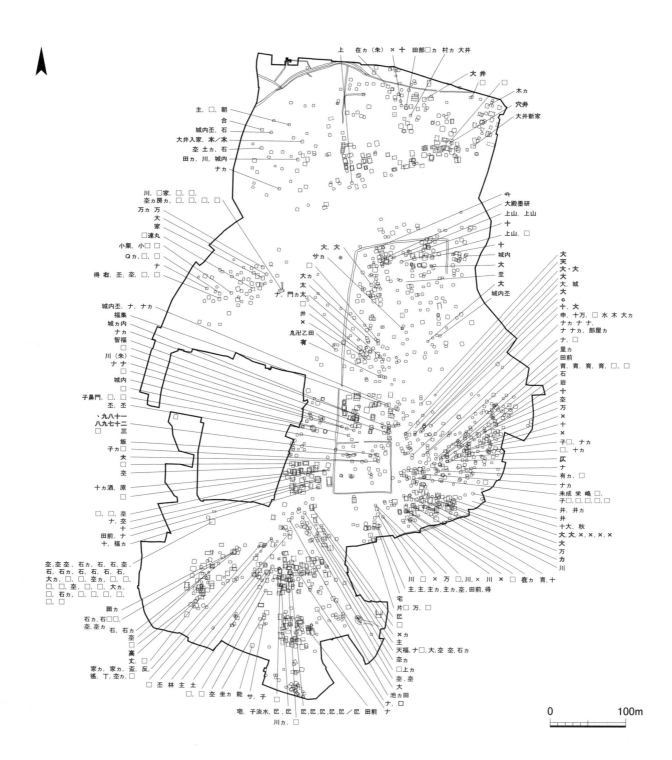

上　在ヵ（朱）　×　十　田部□ヵ　村ヵ　大井

大井

木ヵ

穴井

大井新家

主，□，朝

合

城内盃，石

大井入家，木／木

全　土ヵ，石

田ヵ，川，城内

ナヵ

川，□家，□，□，

全ヵ房ヵ，□，□，□，□

万ヵ　万

十

大

家

達丸

小栗，小□，

Qヵ，□，

ナ

得右，盃，全，

城内盃，ナ，ナヵ

福集

城ヵ内

ナヵ

智福

川（朱）

ナナ

城内

子鼻門，□，□

盃，全

、九八十一

八九七十三

□

飯

子ヵ□

大

全

十ヵ酒，

原

□，□，全

ナ，全

田前十ナ

十，福ヵ

全，全全，石ヵ，石，石，全，

石，石ヵ，石，石，石，□，

大ヵ，□，全ヵ，大ヵ，

□，石ヵ，ナ，

□，□

田ヵ

石ヵ，石□□，

全，全ヵ石，石ヵ

全

嵩丈，

家ヵ，家ヵ，盃，反，

循，丁，全ヵ，

□　盃林　主土

□，□　全　坐ヵ　能　サ，子

宅，子淡水，邑，邑，邑，邑，邑／邑　田前　ナ

川ヵ，□

舟

大殿墨研

上山，上山

□

上山，□

十

城内

大

至

大

城内盃

大，大

サヵ

大ヵ

ナ，門ヵ太

井

×

九卍乙田

育

大

天

大

大

大

大　°

十

申，十万，□　水　木　大ヵ

ナナナ，部屋ヵ

ナ，

里ヵ

田前

育，育，育，育，□，□

石

岩

十

全

万

×

十

×

子，□，ナヵ

□，十ヵ

匹

ナ

有ヵ，□

ナヵ

未成　栄鳴□，

子，□，□，□，□

井，井×

井

十大，秋

大，大，×，×，×，×

大

大

万ヵ

川

在ヵ　育　十

川　□　×　万　□，川，×　川　×

主，主，主ヵ，主ヵ，全，田前，得

宅

片　万，□

邑

×ヵ

主

天福，ナ，大，全　全，石ヵ

全ヵ

□上ヵ

全，全

池ヵ田

ナ，□

大

天

城

0　　　　　　　　　　100m

図24　島名熊の山遺跡　文字分布図（奈良・平安時代）　1：5000

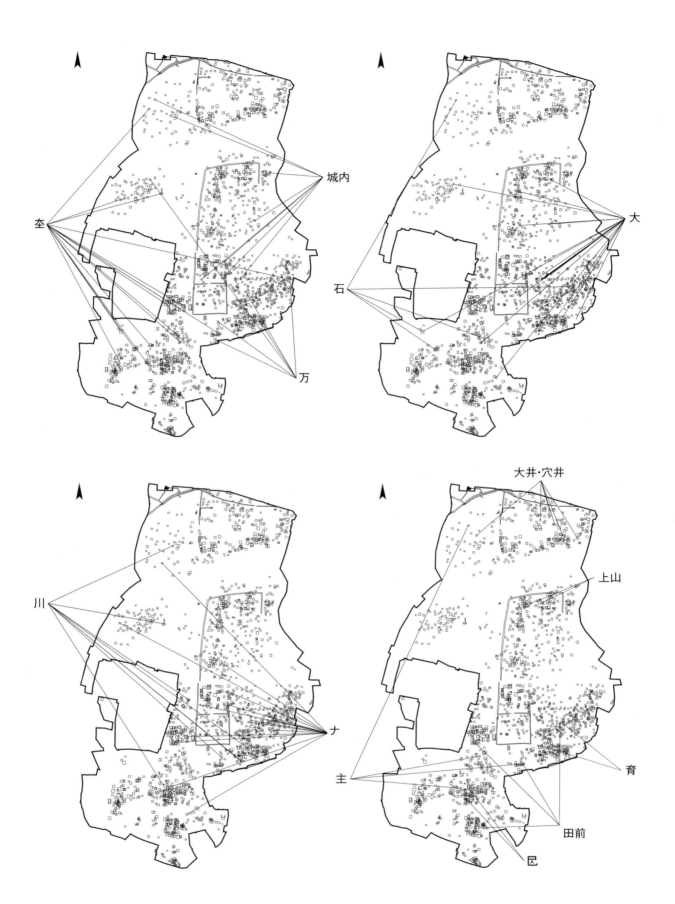

図25　島名熊の山遺跡　主要文字分布図

物が大型化する6世紀中葉〜7世紀中葉については、一辺8m以上の超大型に限定し、小型化する10世紀以降は一辺4.5m以上のものを含めた。

参考文献

1　稲田義弘「熊の山遺跡出土の平安時代の土器様相－土師器を中心として－」『領域の研究－阿久津久先生還暦記念論集－』阿久津久先生還暦記念事業実行委員会、2003。

2　茨城県教育財団編『熊の山遺跡』茨城県教育財団文化財調査報告第190集、2002。

3　茨城県教育財団編『島名熊の山遺跡』茨城県教育財団文化財調査報告第380集、2013。

4　茨城県考古学協会『古代官衙周辺における集落の様相－常陸国河内郡を中心として－』2005。

5　清水哲「島名熊の山遺跡の集落研究のための前提作業」茨城県教育財団編『年報26（平成18年度）』2007。

6　清水哲「拠点集落の消長－常陸国河内郡嶋名郷」天野努・田中広明編『古代の開発と地域の力』高志書院、2014。

7　清地良太「特異な掘立柱建物跡について－栃木県の事例を中心として」『東国古代遺跡研究会第10回研究大会　東国における古代遺跡の諸問題（2）』東国古代遺跡研究会、2020。

8　奈良文化財研究所『古代の官衙遺跡I遺構編』2003。

挿図出典

図1：　報告書をもとに筆者作成。
図2：　国土地理院発行25,000分の1地形図「谷田部」を加工して作成。
図3〜25：筆者作成。
表1：　筆者作成。
表2〜4：筆者作成。

表2出典

22　茨城県教育財団編『ツバタ遺跡・高山古墳群』茨城県教育財団文化財調査報告第22集、1983。

54　茨城県教育財団編『柴崎遺跡I・II－1区』茨城県教育財団文化財調査報告第54集、1989。

63　茨城県教育財団編『柴崎遺跡II区・中塚遺跡』上下巻、茨城県教育財団文化財調査報告第63集、1991。

72　茨城県教育財団編『柴崎遺跡III区』茨城県教育財団文化財調査報告第72集、1992。

93　茨城県教育財団編『柴崎遺跡II区・III区』茨城県教育財団文化財調査報告書第93集、1994。

119　茨城県教育財団編『根崎遺跡　西栗山遺跡』茨城県教育財団文化財調査報告第119集、1997。

120　茨城県教育財団編『熊の山遺跡』茨城県教育財団文化財調査報告第120集、1997。

121　茨城県教育財団編『神田遺跡』茨城県教育財団文化財調査報告第121集、1997。

132　茨城県教育財団編『三度山遺跡・古屋敷遺跡』茨城県教育財団文化財調査報告第132集、1998。

133　茨城県教育財団編『熊の山遺跡』上中下巻、茨城県教育財団文化財調査報告第133集、1998。

134　茨城県教育財団編『神田遺跡』茨城県教育財団文化財調査報告第134集、1998。

149　茨城県教育財団編『熊の山遺跡』上下巻、茨城県教育財団文化財調査報告第149集、1999。

155　茨城県教育財団編『中原遺跡1』上下巻、茨城県教育財団文化財調査報告第155集、2000。

159　茨城県教育財団編『中原遺跡2』上下巻、茨城県教育財団文化財調査報告第159集、2000。

160　茨城県教育財団編『六十目遺跡』茨城県教育財団文化財調査報告第160集、2000。

166　茨城県教育財団編『熊の山遺跡』上下巻、茨城県教育財団文化財調査報告第166集、2000。

170　茨城県教育財団編『中原遺跡3』上中下巻、茨城県教育財団文化財調査報告第170集、2001。

171　茨城県教育財団編『下大井遺跡』茨城県教育財団文化財調査報告第171集、2001。

174　茨城県教育財団編『熊の山遺跡』上中下巻、茨城県教育財団文化財調査報告第174集、2001。

175　茨城県教育財団編『島名前野遺跡』茨城県教育財団文化財調査報告第175集、2001。

176　茨城県教育財団編『鎌田遺跡』茨城県教育財団文化財調査報告第176集、2001。

182　茨城県教育財団編『上野陣場遺跡』上下巻、茨城県教育財団文化財調査報告第182集、2002。

183　茨城県教育財団編『神田遺跡3』茨城県教育財団文化財調査報告第183集、2002。

190　茨城県教育財団編『熊の山遺跡』茨城県教育財団文化財調査報告第190集、2002。

191　茨城県教育財団編『島名前野東遺跡・島名境松遺跡・谷田部漆遺跡』茨城県教育財団文化財調査報告第191集、2002。

195　茨城県教育財団編『金田西・西坪B遺跡』茨城県教育財団文化財調査報告第195集、2002。

197　茨城県教育財団編『下大井遺跡2』茨城県教育財団文化財調査報告第197集、2003。

199　茨城県教育財団編『梶内向山遺跡』茨城県教育財団文化財調査報告第199集、2003。

201　茨城県教育財団編『島名八幡前遺跡』茨城県教育財団文化財調査報告第201集、2003。

209 茨城県教育財団編『金田西遺跡・金田西坪Ｂ遺跡・九重東岡廃寺』茨城県教育財団文化財調査報告第209集、2003。

214 茨城県教育財団編『島名熊の山遺跡』上下巻、茨城県教育財団文化財調査報告第214集、2004。

215 茨城県教育財団編『島名前野東遺跡』茨城県教育財団文化財調査報告第215集、2004。

230 茨城県教育財団編『島名一町田遺跡』茨城県教育財団文化財調査報告第230集、2004。

231 茨城県教育財団編『島名関ノ台南Ｂ遺跡・面野井北ノ前遺跡』茨城県教育財団文化財調査報告第231集、2004。

236 茨城県教育財団編『島名熊の山遺跡』茨城県教育財団文化財調査報告第236集、2005。

251 茨城県教育財団編『東岡中原遺跡4』茨城県教育財団文化財調査報告第251集、2005。

264 茨城県教育財団編『島名熊の山遺跡』上中下巻、茨城県教育財団文化財調査報告第264集 、2006。

265 茨城県教育財団編『元宮本前山遺跡』茨城県教育財団文化財調査報告第265集、2006。

280 茨城県教育財団編『島名熊の山遺跡』第1〜4分冊、茨城県教育財団文化財調査報告第280集、2007。

281 茨城県教育財団編『島名境松遺跡　島名前野東遺跡』茨城県教育財団文化財調査報告第281集、2007。

282 茨城県教育財団編『下河原崎谷中台遺跡　島名ツバタ遺跡』茨城県教育財団文化財調査報告第282集、2007。

283 茨城県教育財団編『島名八幡前遺跡』茨城県教育財団文化財調査報告第283集、2007。

285 茨城県教育財団編『上野古屋敷遺跡1』上中下巻、茨城県教育財団文化財調査報告第285集、2007。

291 茨城県教育財団編『島名熊の山遺跡』上中下巻、茨城県教育財団文化財調査報告第291集、2008。

307 茨城県教育財団編『上野古屋敷遺跡2』茨城県教育財団文化財調査報告第307集、2008。

322 茨城県教育財団編『島名熊の山遺跡』茨城県教育財団文化財調査報告第322集、2009。

323 茨城県教育財団編『上野陣場遺跡2』茨城県教育財団文化財調査報告第323集、2009。

324 茨城県教育財団編『上野古屋敷遺跡3』茨城県教育財団文化財調査報告第324集、2009。

326 茨城県教育財団編『下平塚蕪木台遺跡』上下巻、茨城県教育財団文化財調査報告第326集、2009。

328 茨城県教育財団編『島名熊の山遺跡』茨城県教育財団文化財調査報告第328集、2010。

334 茨城県教育財団編『上野古屋敷遺跡4』茨城県教育財団文化財調査報告第334集、2010。

336 茨城県教育財団編『平北田遺跡』茨城県教育財団文化財調査報告第336集、2011。

349 茨城県教育財団編『西栗山遺跡2　根崎遺跡2』茨城県教育財団文化財調査報告第349集、2011。

360 茨城県教育財団編『島名熊の山遺跡』上下巻、茨城県教育財団文化財調査報告第360集、2012。

363 茨城県教育財団編『下平塚蕪木台遺跡2』茨城県教育財団文化財調査報告第363集、2012。

380 茨城県教育財団編『島名熊の山遺跡』茨城県教育財団文化財調査報告第380集、2013。

389 茨城県教育財団編『島名熊の山遺跡』茨城県教育財団文化財調査報告第389集、2014。

390 茨城県教育財団編『島名熊の山遺跡』上中下巻、茨城県教育財団文化財調査報告第390集、2014。

403 茨城県教育財団編『島名熊の山遺跡』茨城県教育財団文化財調査報告第403集、2015。

431 茨城県教育財団編『島名熊の山遺跡』茨城県教育財団文化財調査報告第431集、2018。

432 茨城県教育財団編『島名熊の山遺跡』茨城県教育財団文化財調査報告第432集、2018。

435 茨城県教育財団編『九重東岡廃寺　金田西遺跡』上下巻、茨城県教育財団文化財調査報告第435集、2019。

437 茨城県教育財団編『島名熊の山遺跡』茨城県教育財団文化財調査報告第437集、2019。

438 茨城県教育財団編『島名中代遺跡』茨城県教育財団文化財調査報告第438集、2019。

439 茨城県教育財団編『島名前野東遺跡』茨城県教育財団文化財調査報告第439集、2020。

443 茨城県教育財団編『金田西坪Ｂ遺跡』茨城県教育財団文化財調査報告第443集、2020。

454 茨城県教育財団編『島名本田遺跡』茨城県教育財団文化財調査報告第454集、2021。

京都府における集落の構造と変遷
― 丹波国桑田郡内におけるケーススタディ―

桐井理揮（京都府教育庁）
名村威彦（京都府埋蔵文化財調査研究センター）

I 本論の目的と射程

（1）京都府内における古代集落研究の現状と課題

　本論に与えられた課題は、京都府域における古代集落の構造とその変遷を整理することである。

　南北に長い京都府は、奈良時代には丹後・丹波・山城という3ヵ国を含み、それぞれに多様性をもった集落が展開する。これまでも、個別の小地域を対象とした検討が進められてきた（文献76）。

　集落構造の検討をおこなう際の視座として、特定の遺跡を対象とした検討から、旧郡域程度の検討、あるいは典型的な事例を広域に集約する検討などが考えられるが、それぞれに異なった成果が見積もられる。

　一定の地域内、例えば旧国単位程度の範囲で、その地域の建物遺構を悉皆的に集成し、地域の動態を把握しようとする研究は近年活況を呈しており、畿内およびその周辺部で事例の蓄積が著しい（文献72・97）。この方法論では、地域全体の動向を把握し、最終的には広範囲を同じスケールで比較検討できるため、地域間の比較をおこなう際には有効な方法論である。

　京都府内でも、特に山城北部の乙訓地域では悉皆的な集成による検討がおこなわれている。地域のほぼ全域が「長岡京跡」として周知の埋蔵文化財包蔵地の範囲となっている乙訓地域では、本発掘調査だけではなく試掘・立会調査も含めて地域内の動向をほぼ網羅的に追跡することが可能であり、中島皆夫や古川匠はこの特性を活かし、地域の集落動態を復元している（文献82・91）。また、京都府北部では、桐井が中丹地域を、森下衛は丹後地域を対象として分析をおこなっている。ここでは、7世紀初頭と、8世紀末から9世紀初頭に集落形成の画期があることが示された（文献70・93）。以上のように、京都府内でも古代集落の悉皆的な集成にもとづく動向の分析事例は

あるものの、地域の調査密度の差異による解像度の違いが大きいことや、調査地外に未確認の遺構が存在することは念頭に置いておく必要がある。

　他方、個別の事例を対象とした検討では、具体的な集落構造の変化を捉えることが可能であり、実際のケーススタディとしてはわかりやすい。京都府内でも亀岡市千代川遺跡、京都市中臣遺跡、城陽市正道遺跡、芝ヶ原遺跡などで実践例があり、6～8世紀における特定遺跡内での集落構造の変化が論じられている（文献1・70・73）。この方法論の場合、当然ながら対象となる遺跡は大規模な調査がおこなわれた遺跡に限られる。このような個別の実践のうえで、広瀬和雄は古代集落のモデルを提示しているが（文献88）、本書道上論文（文献92）で的確に指摘されているように、このモデルが実際に運用可能かどうかは常に地域的な視点に立ち返って検証されなければならない。

　以上のような研究の動向を踏まえ、本論では、前述の2者の方法論双方に学びつつ、地域の中の古代集落の動向整理をおこない、さらに地域全体の集落動向の中に、集落構造の変化を位置づけることを目指したい。その前提として、「個別の集落がそれぞれ有機的な関係を有していたと考えられる特定地域」において、「その地域内の様相が、できるだけ多くの遺跡で、かつ地域内の広い範囲で、あきらかになっている」ことが望ましい。そこで、今回の検討では京都府中央部に位置する亀岡盆地を対象としたい。

　律令制下における丹波国桑田郡の領域とほぼ一致する亀岡盆地は、平野部の広範囲が周知の埋蔵文化財包蔵地となっており、これまで国営ほ場整備事業や京都縦貫自動車道建設にともない、盆地内の多くの遺跡がまんべんなく、かつ広範囲で調査されている。また、一度の調査面積も比較的大規模であり、網羅的な試掘調査によって遺構の広がりをある程度

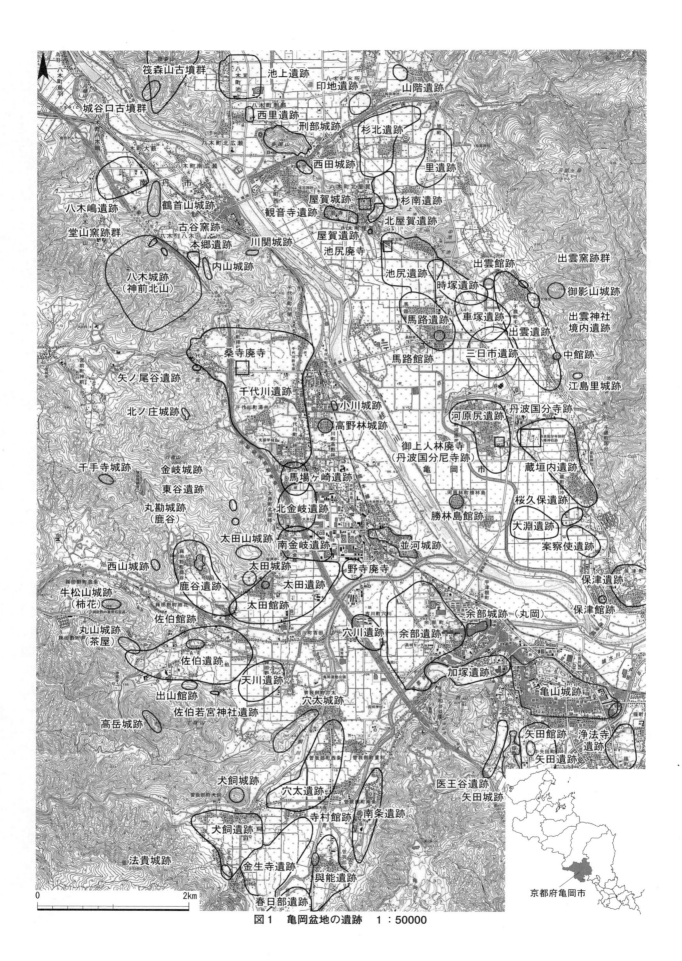

筬森山古墳群
城谷口古墳群
八木嶋遺跡
堂山窯跡群
古谷窯跡
本郷遺跡
八木城跡
（神前北山）
矢ノ尾谷遺跡
北ノ庄城跡
千手寺城跡
金岐城跡
東谷遺跡
丸勘城跡
（鹿谷）
西山城跡
牛松山城跡
（柿花）
丸山城跡
（茶屋）
佐伯館跡
出山館跡
佐伯若宮神社遺跡
高岳城跡
犬飼城跡
犬飼遺跡
法貴城跡
金生寺遺跡
與能遺跡
春日部遺跡

池上遺跡
印地遺跡
山階遺跡
西里遺跡
刑部城跡
杉北遺跡
西田城跡
里遺跡
屋賀城跡
杉南遺跡
観音寺遺跡
北屋賀遺跡
屋賀遺跡
池尻廃寺
池尻遺跡
時塚遺跡
出雲館跡
出雲窯跡群
御影山城跡
馬路遺跡
車塚遺跡
出雲神社
境内遺跡
出雲遺跡
馬路館跡
三日市遺跡
中館跡
鶴首山城跡
川関城跡
内山城跡
桑寺廃寺
千代川遺跡
小川城跡
高野林城跡
御上人林廃寺
（丹波国分尼寺跡）
丹波国分寺跡
河原尻遺跡
江島里城跡
蔵垣内遺跡
桜久保遺跡
馬場ヶ崎遺跡
大淵遺跡
北金岐遺跡
勝林島館跡
案察使遺跡
太田山城跡
南金岐遺跡
並河城跡
太田城跡
太田遺跡
野寺廃寺
保津遺跡
鹿谷遺跡
太田館跡
余部城跡（丸岡）
保津館跡
穴川遺跡
余部遺跡
天川遺跡
加塚遺跡
亀山城跡
穴太城跡
矢田館跡
浄法寺
遺跡
矢田遺跡
医王谷遺跡
矢田城跡
穴太遺跡
寺村館跡
南条遺跡

京都府亀岡市

0   2km

図1　亀岡盆地の遺跡　1：50000

想定することも可能である。さらに、古代には丹波国の中心地として国府や国分寺・国分尼寺が設置されるなど、丹波における政治・経済の中心地域であり、集落構造の変化を見出しやすい地域である。そのため、小地域内での古代集落の構造と変遷を検討するためのケーススタディとなりうる地域といえる。

今回の検討では、これまで各報告書で個別に発表されてきた既往の調査成果を集約し、6世紀後半〜10世紀代を中心とする時期に建物遺構が確認された遺跡を対象として検討をおこなった。なお、遺物の遺存率が良い竪穴建物に比して、掘立柱建物にともなう出土遺物は貧弱であり、時期の比定に困難がともなうことも多い。したがって、現地レベルでの共存関係の認識を優先しつつ、①周辺の遺構との先後関係、②主軸方位の近似性から建物群のグルーピングをおこない、帰属時期を決定している。

（2）亀岡盆地の環境と対象とする遺跡

まずは、亀岡盆地における地理的・歴史的環境を概観しておきたい。亀岡盆地は京都府のほぼ中央部に位置し、現在の行政区分では亀岡市、および南丹市と京都市の一部を含む。盆地中央部には淀川水系の大堰川（桂川）が貫流し、両岸には大堰川が形成した沖積平野と河岸段丘が広がっており、その広い範囲が周知の埋蔵文化財包蔵地となっている（図1）。河川と平野によって便宜的に大きく3つの地域に区分して整理していくことにしよう。

川西地区　亀岡盆地を貫流する大堰川の右岸、西側に広がる平野を含む地区。古墳時代の豪族居館と推定される八木嶋遺跡や、丹波国府跡の有力な推定地のひとつである千代川遺跡などが所在する。

川東地区　亀岡盆地を貫流する大堰川の左岸、東側に広がる平野を含む地区。八角形墳を含む古墳時代終末期の群集墳が確認された国分古墳群とそれに隣接する蔵垣内遺跡があり、飛鳥時代以降の遺構が顕著である。奈良時代中期には丹波国分寺・国分尼寺がおかれ、また古代山陰道も当地域を通過するなど、宮都と政治的距離が近い地域でもある。

盆地西南地区　亀岡盆地西南に広がる扇状地を中心とする地区。犬飼遺跡は、遺存地名等から、周辺に『日本書紀』安閑条に記載のある蘇斯岐屯倉の存在が想定されている。近年の調査で飛鳥時代の遺構が確認されており、その関係が注目される。

また、総括的な検討が難しいため、本論では集落構造自体の検討には含めないが、関連遺跡として、杣関連遺跡の可能性のある天若遺跡や、篠窯業生産遺跡群（以下、篠窯）に近接する篠遺跡がある。

（3）亀岡盆地における集落研究動向

先述のように、京都府内の古代集落の研究は、これまで山城地域を中心におこなわれてきており、丹波地域について言及したものは少ない。そのような中、当地域を射程とした検討をいくつか挙げておきたい。高野陽子は、古墳時代中期の集落について、韓式系土器の受容過程から検討し、渡来系集団の定着過程について言及している（文献78）。また、岡崎研一は亀岡盆地における掘立柱建物を集成し、その平面積や規模を検討した。その中で、屋に対して倉が多い遺跡に注目し、郷倉や末端官衙であった可能性を指摘している（文献5）。また、古代集落自体を扱ったものではないが、官衙的要素をもつ遺跡と山陰道の関係を論じた中澤勝の研究や、池尻廃寺周辺の集落の成立について石崎善久・小池寛の整理がある（文献4・80・81）。その他、報告書の総括等で各遺跡の動向について整理されたものはあるが、膨大な調査履歴に対し、総括的な整理・検討はおこなわれていない。

Ⅱ　亀岡盆地の古代集落遺跡の動向

（1）検出建物からみた集落の動向

まずは、当地域における集落遺跡の動向を整理しておこう。本研究会で主題となるのは7、8世紀の集落構造であるが、その前後の時期を含め、ここでは6世紀後半〜10世紀代を射程として建物遺構を集成し、その動向を整理していきたい（表1）。

川西地区の動向　まずは、川西地区の動向を整理していこう。6世紀後半の居住域が検出されている遺跡としては、八木嶋遺跡、太田遺跡、鹿谷遺跡、佐伯遺跡が挙げられる。これらは古墳時代中期後半から継続する遺跡で、複数棟以上の竪穴建物および少数の掘立柱建物から構成される。鹿谷遺跡は、5〜6世紀の竪穴建物が100棟以上検出されるなど大規模な遺跡である。大型掘立柱建物など特殊建物遺構は確認できていないが、5世紀前半には床面積80m²に迫る大型竪穴建物が確認されている。特筆されるのは豪族居館と目される掘立柱建物群が検出された八木嶋遺跡である（図2）。八木嶋遺跡では8〜11棟

表1　亀岡盆地の遺跡消長

地域区分	遺跡名	6世紀後半 TK43〜209	7世紀前半 飛鳥Ⅰ	7世紀後半 飛鳥Ⅱ〜Ⅳ	8世紀前半 平城Ⅰ・Ⅱ	8世紀後半 平城Ⅲ〜Ⅴ	9世紀前半 平安京Ⅰ	9世紀後半 平安京Ⅱ古・中	10世紀前半 平安京Ⅱ新・Ⅲ古	備考
盆地北部	天若（上）	17	12		1					杣関連遺跡か
	天若（下）				3					
	美里									
川西地区	八木嶋（上）				●（溝）					豪族居館
	八木嶋（下）	37								
	千代川				24（3）		8（1）	8（1）	？	
	（桑寺廃寺）				卍					
	北金岐					11（2）				
	（野寺廃寺）				卍					
	太田（上）	5								
	太田（下）	2				9	16（1）		？	
	鹿谷	？								5〜6世紀の竪穴建物100棟以上
	佐伯（上）	6	4			3		●（溝）		
	佐伯（下）					12（2）				
	（佐伯廃寺）				卍					
盆地西南部	犬飼（上）			●（溝）						
	犬飼（下）				5（2）					
	金生寺				●（水田）					
	（與野廃寺）				卍					
川東地区	杉南					2（1）	14（4）		2（2）	
	池上（上）	10	1	1						5〜6世紀の竪穴建物100棟以上
	池上（下）	5（1）	1		15（5）	6（3）				
	里	3								5〜6世紀の竪穴建物60棟以上
	池尻（上）	8	2							
	池尻（下）				4	3	1			
	（池尻廃寺）				卍					
	時塚（上）			3						
	時塚（下）				15（3）	28（7）				
	馬路（上）		3	7						
	馬路（下）				5（1）					
	車塚（上）			1						
	車塚（下）			1	2					
	蔵垣内（上）		9	16	4					
	蔵垣内（下）				5	2				
	三日市				●（瓦窯）					国分寺・国分尼寺の瓦を焼成
	（国分寺）					卍				
	（国分尼寺）					卍				
	河原尻（上）	3		8	2					
	河原尻（下）					9（3）	1			
盆地東南部	篠（上）				5					篠窯関連遺跡
	篠（下）					9	7	7		
	（観音芝廃寺）				卍					

※上段が竪穴建物数、下段が掘立柱建物数、その他顕著な遺構は●として上段に記す。総柱の内訳を（　）で記す。
※1〜5棟は10％塗、6〜9棟は25％、10棟以上は35％塗、その他の遺構は5％塗。

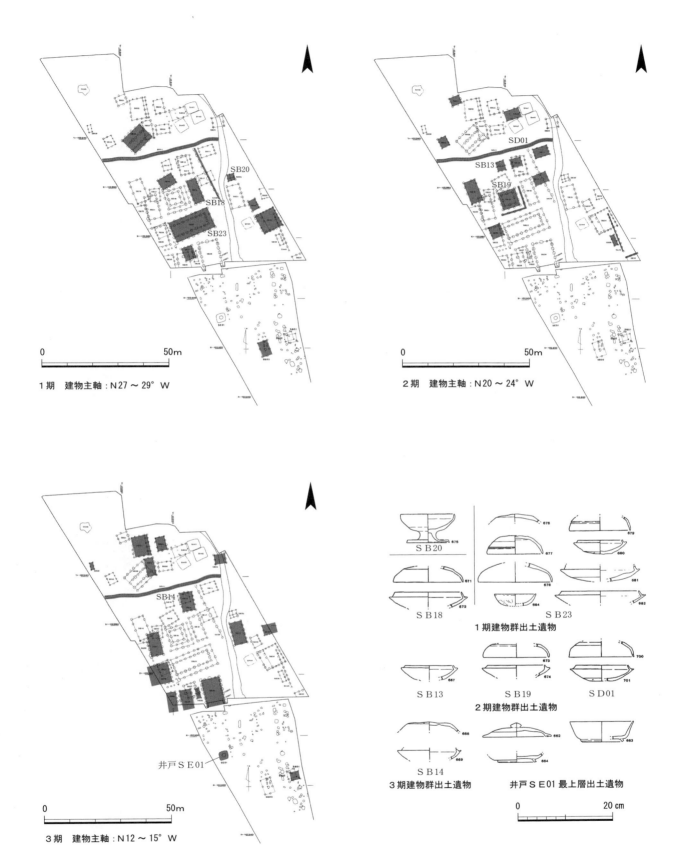

図2　八木嶋遺跡　遺構配置図および出土遺物　遺構1：1500　遺物1：8

（1期）
SB20
SB18
SB23
0　　　　　　　　　　50m
1期　建物主軸：N27〜29°W

（2期）
SD01
SB13
SB19
0　　　　　　　　　　50m
2期　建物主軸：N20〜24°W

（3期）
SB14
井戸SE01
0　　　　　　　　　　50m
3期　建物主軸：N12〜15°W

SB20　675
SB18　671　672
SB23　676　677　678　679　680　681　682　684
1期建物群出土遺物

SB13　667
SB19　673　674
SD01　700　701
2期建物群出土遺物

SB14　668　669
井戸SE01最上層出土遺物　662　663　664
3期建物群出土遺物

0　　　　　　20cm

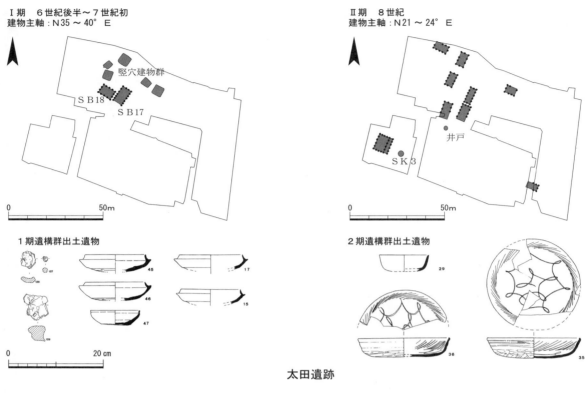

Ⅰ期　6世紀後半〜7世紀初
建物主軸：N35〜40°E

堅穴建物群

ＳＢ18
ＳＢ17

0　　　　　　　　50m

Ⅱ期　8世紀
建物主軸：N21〜24°E

ＳＫ3
井戸

0　　　　　　　　50m

1期遺構群出土遺物

45
17
46
15
47

0　　　　　20cm

2期遺構群出土遺物

29
36
35

太田遺跡

旧流路

精査中

掘立柱建物
（時期不明）

掘立柱建物群
（8世紀中〜後か）

ＳＫ180

ＳＨ103
ＳＨ172

284
287
285
288
286
精査中
171
172
183
184
185
ＳＨ172
226
ＳＨ103
241
246
245
249
250
ＳＫ180

0　　10cm

▨ 8世紀の遺物のみが出土した堅穴建物　■ 掘立柱建物

佐伯遺跡

図3　川西地区の様相　遺構1：2000　遺物1：8・1：10

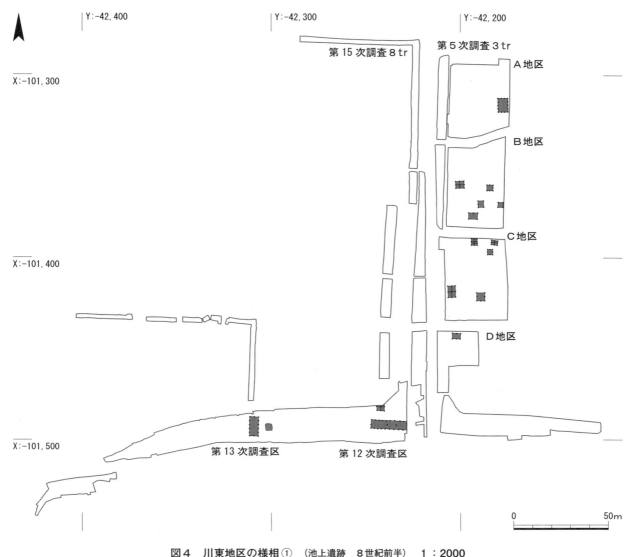

Y:-42,400　　　　　　　　　　　Y:-42,300　　　　　　　　　Y:-42,200

第15次調査8tr　　　第5次調査3tr

A地区

X:-101,300

B地区

C地区

X:-101,400

D地区

X:-101,500

第13次調査区　　　　　第12次調査区

0　　　　　　　　50m

図4　川東地区の様相①　（池上遺跡　8世紀前半）　1：2000

からなる掘立柱建物群が3期にわたって確認されて
おり、1・2期の建物群が6世紀後半と考えられる。
　7世紀は川西地区で顕著な遺構は確認されておら
ず、6世紀代に複数認められた居住域は一転して確
認できなくなる。八木嶋遺跡の大型掘立柱建物群も
7世紀初頭を最後に廃絶する。調査のおよんでいな
い地区に未確認の居住域が展開する可能性もあるが、
大規模な居住域の移動を想定する必要があろう。
　8世紀前半になると、6世紀代の居住域と重なる
ように、居住域が再び形成される。太田遺跡や佐伯
遺跡（図3）では数棟の掘立柱建物と竪穴建物が混在
して存在するようだ。この様相は8世紀後半にも継
続し、千代川遺跡では掘立柱建物が複数確認されて
いる。特に千代川遺跡では10棟を超える掘立柱建物
が検出されており、集落が大規模化する。また、8

世紀後半には新たに八木嶋遺跡[1]、北金岐遺跡など
で居住域の形成が認められ、地域全体として遺跡数・
建物数の増加が顕著な時期である。
　9・10世紀の様相は必ずしもあきらかではないが、
8世紀代に成立した千代川遺跡や太田遺跡、佐伯遺
跡が継続する。前段階よりも同時並存する建物数が
多く、かつ大型であり、集落の性格が変化したことも
想定される。
川東地区の動向　6世紀後半に居住域が確認できる
遺跡として、池上遺跡、池尻遺跡、河原尻遺跡、里
遺跡が挙げられる。池上遺跡では6世紀後半には10
棟以上の竪穴建物と掘立柱建物が、里遺跡では、5
世紀後半～6世紀後半の竪穴建物を60棟以上検出し
ており、5世紀後半には床面積64㎡の大型竪穴建
物も存在する。いずれの遺跡でも韓式系土器や製塩

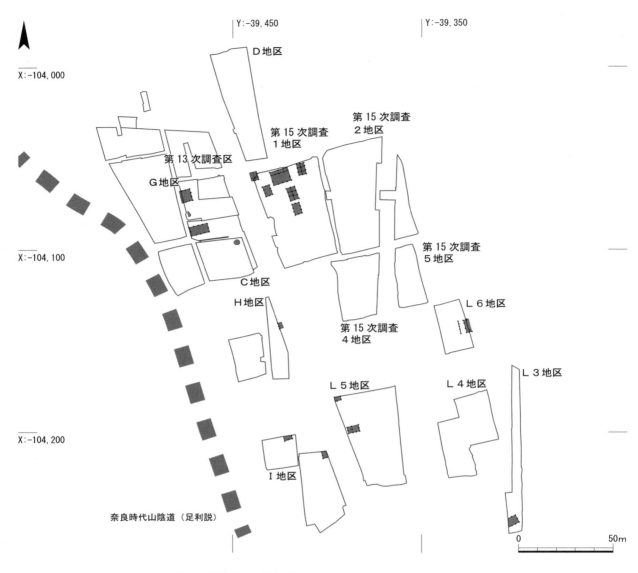

図5　川東地区の様相②　（時塚遺跡　8世紀前半）　1：2000

土器が出土するなど、当地域の中心的な集落である。しかし、いずれも7世紀初頭までには建物数が数棟に減少しており、7世紀前半には廃絶する。この時期には、蔵垣内遺跡と馬路遺跡で新たに建物が確認できる。蔵垣内遺跡では6世紀末に遡る可能性のある建物を含めて、7世紀前半には10棟程度の竪穴建物からなる密集度の高い居住域が形成される。

　7世紀後半は、新たに時塚遺跡、車塚遺跡でも居住域の形成が開始される。蔵垣内遺跡では引き続き7世紀後半でも10棟を超える竪穴建物が確認できるほか、馬路遺跡も区域を変えながら竪穴建物のみの居住域が継続する。時塚遺跡、車塚遺跡では数棟の竪穴建物と掘立柱建物による、小規模な居住域が形成される。

　8世紀前半には、居住域が確認される遺跡が大きく増加する。時塚遺跡、車塚遺跡、馬路遺跡、蔵垣内遺跡、河原尻遺跡は7世紀後半から継続し、さらに池上遺跡（図4）、池尻遺跡でも再び居住域が確認できるようになる。池上遺跡と池尻遺跡では主軸をほぼ正方位にそろえた掘立柱建物が検出されている。特に池尻遺跡では区画施設も確認されており、隣接する池尻廃寺の建立とほぼ同時に形成された特殊な居住域といえる。正方位の建物と区画施設を有することから、国府諸曹司の可能性も想定されており（文献3）、正否はともかく国府の設置とそれにともなう開発などに関連することも考えられる。時塚遺跡では建物主軸が西に14〜20°程度振る掘立柱建物が10棟以上確認され、密集度の高い居住域を形成している（図

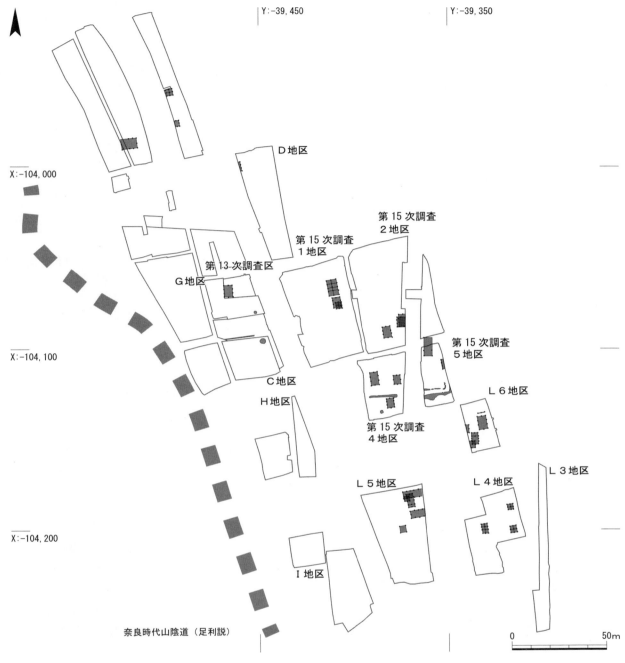

Y:-39,450   Y:-39,350

X:-104,000

D地区

第15次調査
2地区

第15次調査
1地区

第13次調査区

G地区

第15次調査
5地区

L6地区

X:-104,100

C地区

H地区

第15次調査
4地区

L5地区

L4地区

L3地区

X:-104,200

I地区

奈良時代山陰道（足利説）

0   50m

図6　川東地区の様相③　（時塚遺跡　8世紀後半）　1：2000

5）。馬路遺跡は、8世紀前半の様相は不明であるが、8世紀中頃と考えられる掘立柱建物が数棟検出されており、居住域が継続すると考えられる。

　8世紀後半は、建物数が大きく減少する遺跡が多い一方、北部の時塚遺跡では継続して多数の建物が確認できる（図6）。また、8世紀前半に建物数が減少していた河原尻遺跡では、この時期に再び建物数が増加する（図7）。蔵垣内遺跡はいずれも8世紀前半とは異なり、数棟の掘立柱建物が確認されるのみで、

顕著に建物数が減少する。なお、蔵垣内遺跡に近接して国分寺と国分尼寺が建立されており、これと関連して蔵垣内遺跡の居住域が移った可能性も考えられる。8世紀後半に展開した集落遺跡も、その後、建物数が著しく減少し、9世紀まで継続するものは少ない。一方で、8世紀後半に杉南遺跡で新たに集落が形成されており、9世紀代には多数の掘立柱建物が検出され、10世紀まで継続している。

盆地西南地区の動向　盆地西南地区では、近年の国

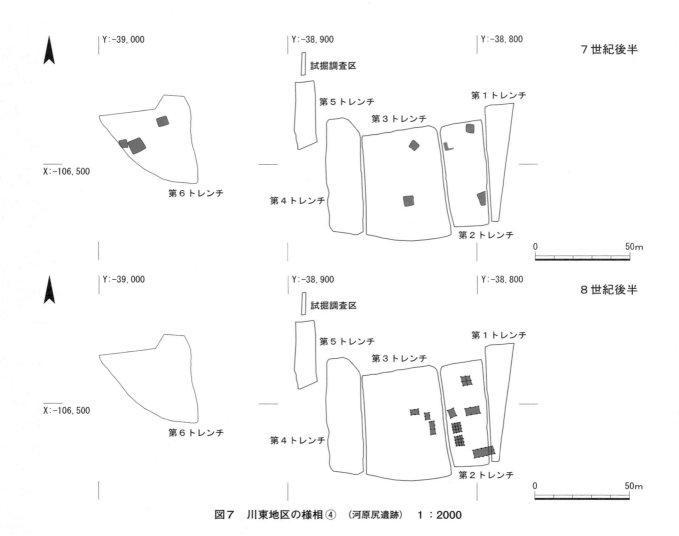

Y:-39,000　　　Y:-38,900　　　Y:-38,800　　　　　7世紀後半

試掘調査区

第5トレンチ　　　第1トレンチ

第3トレンチ

X:-106,500

第6トレンチ　　第4トレンチ　　　　　　　　第2トレンチ

0　　　　　　50m

Y:-39,000　　　Y:-38,900　　　Y:-38,800　　　　　8世紀後半

試掘調査区

第5トレンチ　　　第1トレンチ

第3トレンチ

X:-106,500

第6トレンチ　　第4トレンチ　　　　　　　　第2トレンチ

0　　　　　　50m

図7　川東地区の様相④　（河原尻遺跡）　1：2000

営ほ場整備事業によって、その様相がしだいにあきらかになりつつある。詳細な検討は今後にゆだねたいが、当該期の様相をごく簡単に紹介する。

　犬飼遺跡は、遺存地名から安閑朝期に設置された「蘇斯岐屯倉」との関連もうかがわれる遺跡である。令和元年度の調査では6～8世紀の大溝や8世紀後半の掘立柱建物群を検出した。この大溝からは墨書土器や馬骨等やや特殊な遺物も出土しており、その性格が注目される。金生寺遺跡は犬飼遺跡に南接する遺跡であり、平成29年度から継続して調査がおこなわれている。遺跡の広範囲を調査しているにも関わらず、当該期の顕著な遺構は未検出であったが、令和2年度の調査で8世紀の水田畦畔が検出された。畦畔は、現存する条里制地割に沿うように検出されたことから、当地域の地割の起源は奈良時代にあることがあきらかとなった。

　地域全体の様相を論じるには、調査成果の蓄積が足りないが、生産域と居住域の関係性に迫ることが

できる可能性があり、今後の動向に注目したい。

　盆地周縁の動向　7世紀前半以降、小規模な居住域が展開した篠遺跡では、8世紀後半には掘立柱建物が9棟検出されており、半数が建物面積45㎡以上で、この時期の建物としては大型の掘立柱建物である。篠遺跡は、規則的に配置された建物構造から官衙的な集落と考えられており、近接する篠窯との関連が注目されている。

（2）竪穴建物と掘立柱建物について

　集落動向の検討から、亀岡盆地の多くの遺跡では、7世紀末～8世紀初頭には竪穴建物から掘立柱建物へと移行したと考えられる。一方で、最末期の竪穴建物として、篠遺跡で検出された8世紀代の例がある（図10）。篠遺跡SH01では、カマドの構築部材として無段式軒丸瓦が使用されており、集落の出現当初は竪穴建物のみで構成される居住域であった。盆地内で、7世紀前葉に掘立柱建物が主体となる集落

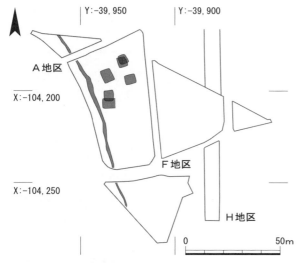

図8　川東地区の様相⑤　（馬路遺跡 7 世紀後半）　1：2000

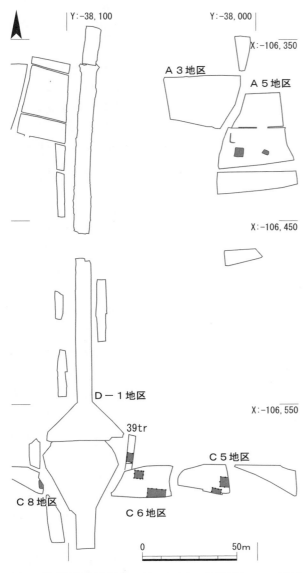

図9　川東地区の様相⑥　（蔵垣内遺跡 8 世紀前半）　1：2000

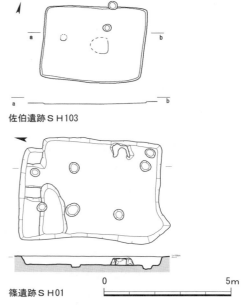

佐伯遺跡 S H 103

篠遺跡 S H 01

図10　8 世紀代の竪穴建物　1：150

遺跡が出現していることを考えると、およそ100年間に渡って掘立柱建物と竪穴建物は同一地域内で併存したといえる。畿内においては、早い地域では 7 世紀後半にはほぼ掘立柱建物への移行が完了し、丹波・丹後地域ではそれに遅れることはこれまでも指摘されてきた（文献 6・84）。しかし、やや特異なあり方を示す事例もあるため、当地域における 8 世紀の竪穴建物について少し触れておきたい。

　8 世紀の竪穴建物が複数棟検出されている遺跡としては、先述の篠遺跡のほか、佐伯遺跡と天若遺跡がある。篠遺跡は篠窯跡群の工人集団の居住域とも目される。竪穴建物は遺跡の初現期のみ確認されており、8 世紀後半には掘立柱建物に完全に移行する。佐伯遺跡は、8 世紀後半に掘立柱建物と共存するように複数の竪穴建物が検出されている（図3）。報告書では特に注意されていないが、未報告資料の精査をおこなった結果、竪穴建物の埋土中からは鉄滓など鍛冶関連遺物が出土しており、手工業生産にともなう遺構である可能性もあると判断した。別の調査区では多量の木製挽皿や、製塩土器、100点以上の墨書土器も確認されている。今回の対象地域からはやや北に外れるが、南丹市の室橋遺跡では 8 世紀後半とされる竪穴建物からガラス質融着物や鉄滓が出土しており、工房跡との評価を受けている（文献77）。

　このように、手工業生産に関わる遺跡を中心に 8 世紀代の竪穴建物が検出されていることは注目に値

する。亀岡盆地以北でも8世紀代の竪穴建物は確認されているが、特殊遺物は認められず、亀岡盆地の様相とは対照的である。川西地区で確認できるような、掘立柱建物群が主体の遺跡において、竪穴建物が混在する様相はやや特殊であり、今後も注意されるべきであろう。

Ⅲ 亀岡盆地における集落遺跡の構造

（1）建物群の構造と分類単位

　前節では、建物遺構の検出棟数から、当地域における集落遺跡の消長を概観したが、それにもとづいて、集落遺跡の構造の変化を検討していこう。

　本論で与えられた課題のひとつは、「広瀬和雄が示した古代集落モデルが、普遍的に応用できるのか」を再検討することである。広瀬モデルは、本書道上論文でも詳述されているように、「建物群」を①屋の数、②倉の有無、③建物間の較差により分類し、その「建物群のルーズな結びつき」とされる古代集落を分類したものである（文献87～90）。この広瀬分類を出発点とし、これまでの古代集落研究では、多くの建物遺構が検出された大規模な遺跡が検討の主題となってきた。このような遺跡は建物の検出総数も豊富で、かつ時期的変遷もあきらかにできることから、良好な検討対象資料であることに疑いはない。しかしながら、数棟が重複した状態で検出される掘立柱建物は、出土遺物の少なさや遺存率の低さも相まって、時期の決定も困難がともなう。さらに、少ない資料からある程度時期のあきらかな掘立柱建物をとりあげ、建物主軸によってグルーピングすることで複数の建物の時期を想定し、それらと重複する建物の柱穴の先後関係から、さらに建物の時期を推定する場合も多い。この方法論は、大規模な集落遺跡を検討する場合においては一般的ではあるが、上述のような要因によるノイズを排除しきることは難しい。

　そこで、古代集落における建物構造を検討する一視点として、限られた期間にのみ現れる遺跡や、同一時期の建物群の重複が顕著でない遺跡に注目したい。そして、建物群の最小単位を認識し、それを足掛かりに検討を進めていきたい。

　このような方法論は、縄文・弥生時代における集落研究では、多くの実践例がある。本論からはやや外れるが、ごく簡単にその研究史にふれておきたい。近藤義郎は、岡山県沼遺跡で認められた数棟の竪穴

建物からなる居住単位に注目し、これを農業経営の最小単位、「単位集団」と評価した（文献74）。これに対し、都出比呂志は、竪穴建物に居住する「世帯」の集合が集落を構成する「世帯共同体」であるとし、これを農耕に関する最小単位とした。そして、世帯共同体がおおよそ水系単位でまとまった「農業共同体」という概念を提唱した（文献79）。これらの視点は、掘立柱建物1棟を世帯、数棟の集合を古代家族とする広瀬の古代集落論とも共通する点が多い。若林邦彦は、大阪平野において大規模な弥生時代の集落遺跡を分析し、「大規模集落」とされてきたものの実態は「基礎集団」が大規模に集住した「複合型集落」であることを示した（文献95・96）。これらの各論は、背景に想定する集団の評価には相違点が多いが、ともに「集落が存在しえる最小単位」を抽出し、そこから大規模遺跡あるいは社会集団を読み解くという点では一致しているといえる。

　古代集落においても、建物群の複合的な姿を古代集落と捉えるならば、集落の構造を検討するにあたり、単独で存在する小規模な集落の単位を認識することが重要であると考える。そして、このような小規模で継続期間が短い遺跡で建物群のあり方を把握した上で、大規模で長期にわたる建物群に還元し、検討をおこなっていきたい。

　まずは、6～7世紀の事例を検討していこう。馬路遺跡では、7世紀後半に7棟の竪穴建物が確認できる（図8）。建物どうしに重複関係はあるが、建物群を形成するA地区をみてみると、4棟で1つの単位として認識できよう。河原尻遺跡では、8世紀以降の建物との重複もあるものの、竪穴建物が3～4棟でまとまり、建物群の間に一定の空閑地が広がる（図7）。以上の事例から、7世紀代の一般的な集落遺跡では、竪穴建物3～4棟からなる単位を認識できそうだ。なお、掘立柱建物が明確ではない当時期には倉の存在の有無はわからないが、建物面積が極端に小さな竪穴建物が池尻遺跡などで散見され[2]、居住以外の機能に関しても念頭に置く必要があろう。

　8世紀代の事例として、犬飼遺跡と北金岐遺跡の事例を詳しく検討してみよう。犬飼遺跡は、盆地西南部に位置し、10,000㎡近くが調査されている。古代の建物は調査区の端、D地区で検出されており、掘立柱建物が5棟復元されている（図11）。北側および東側は段丘崖になっていることから、この建物群

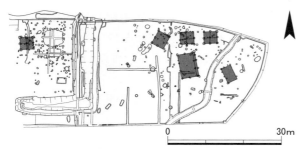

図11　犬飼遺跡　遺構配置図　1：1000

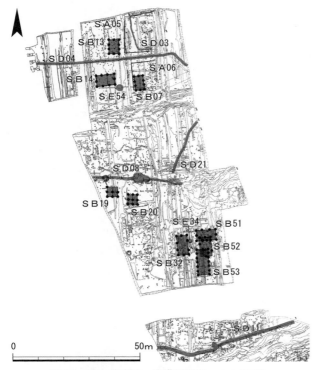

図12　北金岐遺跡　遺構配置図　1：1500

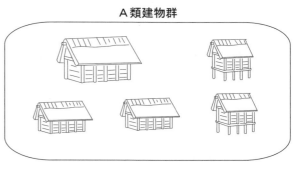

A類建物群

B類建物群

図13　建物群類型模式図

が周辺に展開するとは考え難く、独立した単位であると考えられる。その構成は、廂付の建物1棟、側柱建物2棟、総柱建物2棟である。総柱建物を倉と考えると、主な建物1棟とそれに付属する小規模な建物2棟、そして倉が2棟である。

　北金岐遺跡は、川西地区に位置する遺跡で、京都縦貫自動車道の建設にともない、総延長約1kmに渡り調査がおこなわれた。その中でB地区とされた範囲では、溝に区切られた8棟の建物が検出された（図12）。建物群は、南群と北群に分かれており、北群が3棟、南群が5棟からなり、南群のうち2棟は総柱建物である。周辺の調査区で古代の遺構が顕著でなく、建物群が溝で区画されること等から、この建物群は独立した屋の集合であると考えられる。北群、南群いずれにも井戸が付属することもこのことの傍証に

なろう。遺物は建物を区画する溝から多く出土しており、概ね平城Ⅲに比定できることから、長期間継続したとは考え難い。また、手工業生産にともなう遺物、あるいは硯、墨書土器等の特殊遺物は出土していない。そのため、8世紀代の一般的な「集落」の一例を示していると考えられよう。

　以上のことから、竪穴建物の個別の機能は不明な点が多いが、掘立柱建物群の例から、建物群の基本的な構造として、2つの類型が指摘できる。1つは犬飼遺跡のように3棟程度の側柱建物と2棟程度の総柱建物が基本的な構造となる場合、もう1つは北金岐遺跡のように、2～4棟からなる複数の側柱建物群が総柱建物群を共有する構造である。

　きわめて単純化した図式ではあるが、本論では、独立して存在しうる建物群の基礎的な単位のうち前

者を「A類建物群」、後者を「B類建物群」と仮称する（図13）。

　広瀬和雄による建物群分類では、大型建物群から複数の類型を導き出し、①屋の数、②倉の有無、③建物間の較差が論点とされている。建物間の較差については後述することとし、ここでは①と②の要素についてみてみると、少なくとも、当地域では単独で存在する1棟の建物は確認することはできない。ここでA類とした建物群は、広瀬が古代家族の単位とし、集落の基本的な構成単位であると指摘しており、この単位がルーズな結合した姿を古代集落というように捉えたものと対応しよう。それに対して、「倉を共有する複数の屋からなる建物群」の存在には留意されていない。これは、建物の重複が著しい遺跡では「複数の建物群」として認識されるようなものであるが、北金岐遺跡の調査成果から、1つの群として認識できる可能性を指摘したい。集落で共有される倉の存在は都出比呂志が指摘しており、世帯共同体の自立性の高まりとともに、古墳時代には消滅するとされた（文献79）。それに対し、重藤輝行は、地域や遺跡の性格による差異は認めつつも、奈良時代に至るまで、集落共有の倉の存在を肯定的に捉えている（文献75）。

　なお、倉が存在しない太田遺跡のような例もある（図3・21）。太田遺跡では建物を「群」として捉えることも難しく、やや特殊な性格である可能性もあるが、これを「C類建物群」とし、本論では、倉の存在形態から建物群を3分類とし、議論を進めたい。

（2）建物群内の較差について

　次に、広瀬が分類基準のひとつとする「建物群内の較差」について検討していきたい。建物間の較差は、広瀬が分析した平面積のほか、柱筋の通り方や柱穴の規模・形にも差異が認められることがあきらかとなっているが、ここでは、平面積について検討しよう。

　A類建物群の具体的な例としては、8世紀前半の時塚遺跡（図14）や8世紀後半の犬飼遺跡（図11）が挙げられる。時塚遺跡の側柱建物では、廂をもつSB02（53.6㎡）が最大の建物で、他の2棟はいずれも23㎡程度であり、相対的に平面積が大きい1棟と、やや小型の2棟によって構成されている。また、犬飼遺跡の側柱建物については、廂をもつ31.7㎡が最大の建物で、他の2棟は15㎡程度であり、やはり相対的に平面積が大きい1棟と、やや小型の2棟に

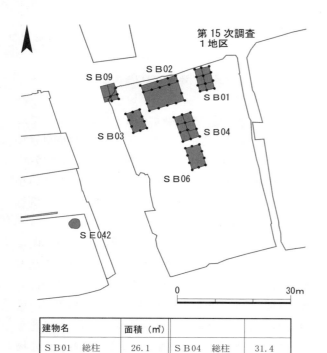

建物名	面積（㎡）		
SB01　総柱	26.1	SB04　総柱	31.4
SB02　側柱・廂	53.6	SB06　側柱	23.8
SB03　側柱	22.0	SB09　総柱	8.9〜

図14　時塚遺跡の「A類建物群」（8世紀前半）　1：1000

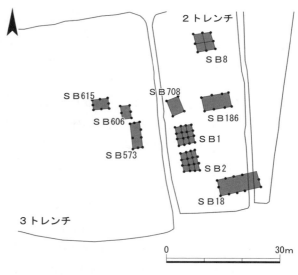

建物名	面積（㎡）		
SB1　総柱	22.3	SB573　側柱	18.2
SB2　総柱	23.2	SB606　側柱	8.6
SB8　総柱	22.5	SB615　側柱	12.4
SB18　側柱	48.3	SB708　側柱	14.4
SB186　側柱	28.9		

図15　河原尻遺跡の「B類建物群」（8世紀後半）　1：1000

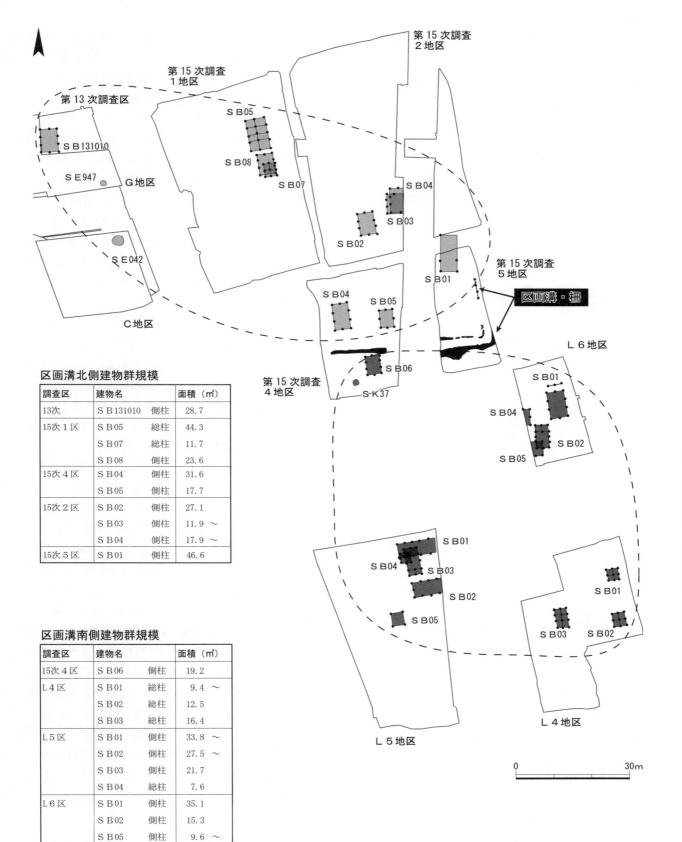

区画溝北側建物群規模

調査区	建物名		面積（㎡）
13次	S B131010	側柱	28.7
15次1区	S B05	総柱	44.3
	S B07	総柱	11.7
	S B08	側柱	23.6
15次4区	S B04	側柱	31.6
	S B05	側柱	17.7
15次2区	S B02	側柱	27.1
	S B03	側柱	11.9 ～
	S B04	側柱	17.9 ～
15次5区	S B01	側柱	46.6

区画溝南側建物群規模

調査区	建物名		面積（㎡）
15次4区	S B06	側柱	19.2
L4区	S B01	総柱	9.4 ～
	S B02	総柱	12.5
	S B03	総柱	16.4
L5区	S B01	側柱	33.8 ～
	S B02	側柱	27.5 ～
	S B03	側柱	21.7
	S B04	総柱	7.6
L6区	S B01	側柱	35.1
	S B02	側柱	15.3
	S B05	側柱	9.6 ～

図16　時塚遺跡の「Ｂ類建物群」（8世紀後半）　1：1000

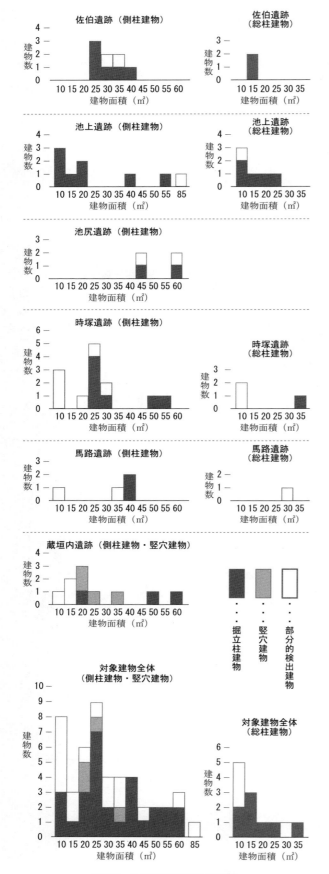

佐伯遺跡（側柱建物）
建物数
佐伯遺跡（総柱建物）
建物数

池上遺跡（側柱建物）
建物数
池上遺跡（総柱建物）
建物数

池尻遺跡（側柱建物）
建物数

時塚遺跡（側柱建物）
建物数
時塚遺跡（総柱建物）
建物数

馬路遺跡（側柱建物）
建物数
馬路遺跡（総柱建物）
建物数

蔵垣内遺跡（側柱建物・竪穴建物）
建物数

掘立柱建物　竪穴建物　部分的検出建物

対象建物全体（側柱建物・竪穴建物）
建物数
対象建物全体（総柱建物）
建物数

図17　8世紀前半の建物規模

よって構成される。いずれの場合も各総柱建物の面積に大きな差はない。このように、Ａ類建物群では、2・3棟の屋の中に、相対的に大きな屋や廂をもつ建物が存在する場合が多い。それらに数棟の倉が付属して1つの建物群を構成する。

　Ｂ類建物群の具体的な例としては、8世紀後半の北金岐遺跡（図12）、時塚遺跡（図16）、河原尻遺跡（図15）が挙げられる。北金岐遺跡の側柱建物は、ＳＢ53（41.6㎡）が最大の建物で、25～30㎡程度が3棟、20㎡程度が3棟である。総柱建物は、15㎡以下のものが2棟あり、側柱建物群からやや距離をおいて配置される。時塚遺跡では、北側の建物群の側柱建物は、第15次調査5地区ＳＢ01（46.6㎡）が最大の建物で、25～30㎡程度が3棟、25㎡以下が4棟である。総柱建物は大型のＳＢ05（44.6㎡）と小型のＳＢ07（11.7㎡）である。南側の建物群における側柱建物は、Ｌ6地区ＳＢ01（35.1㎡）あるいはＬ5地区ＳＢ01（33.8㎡以上）が最大の建物である。その他は25～30㎡の建物が1棟、20㎡以下が3棟である。総柱建物は、10～15㎡程度が4棟である。いずれの建物群でも総柱建物群は側柱建物からやや距離をおいて配置されている。河原尻遺跡の側柱建物はＳＢ18（48.3㎡）が最大の建物で、その他30㎡程度が1棟、20㎡以下が4棟である。総柱建物は20～25㎡が3棟である。以上のようにＢ類建物群は、それぞれの側柱建物群内にＡ類建物群と同様面積差が存在し、さらに、側柱建物群間でも段階的な面積差が存在する場合が多い。なお、倉はこうした屋の集まりに対し、一定程度距離を置く場合が一般的である。

　以上のように、建物群を構成する基礎的な単位である建物群の内部構造について検討してきたが、いずれもやや規模が大きい屋1・2棟と、相対的に小規模な複数の屋が倉を共有しながら建物群として機能しているといえそうである。**図17・18**には、先に示した以外の遺跡も含め、主要な集落遺跡で検出された建物の面積を示しており、同規模の面積のみから構成される屋の集まりは認められないことからも先述の想定は首肯されよう。

（3）集落遺跡の構造

　さて、前述した建物群構造を前提として、同時期に十数棟の建物が検出された遺跡について検討してみたい。前項で述べた通り、亀岡盆地においては8

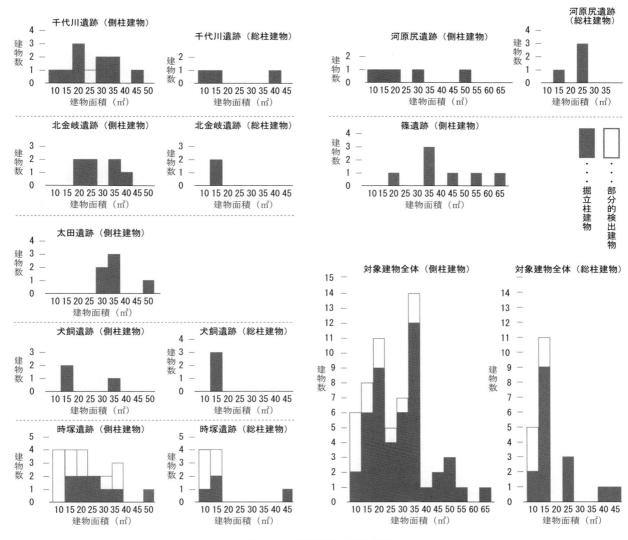

図18　8世紀後半の建物規模

世紀代に多くの掘立柱建物からなる集落遺跡が確認されるようになる。

　まず、8世紀前半については、池上遺跡、時塚遺跡、蔵垣内遺跡で10棟以上の建物が検出されている。池上遺跡は、約14,000㎡が調査されたうち、8世紀前半の建物が約6,500㎡の範囲に広がる (図4)。面的に調査区が広がるA～D地区では、20m以上の空閑地帯を有しつつ、遺構が分布する。これらを独立する単位とみなせば、池上遺跡は少なくとも5つのA類建物群からなる居住域であると考えられる。

　時塚遺跡は川東地区の中央に位置し、約18,000㎡が調査されている。8世紀前半の建物はやはり一定の間隔をもって確認されており、空閑地帯を含めて約16,000㎡の範囲に広がる (図5)。建物は一定の空閑地帯を有しつつ、数ヵ所にまとまっており、これら

を1つの建物群の単位とみると時塚遺跡では4つ以上の建物群があると想定される。それぞれの建物群は、やはり5棟程度で、複数のA類建物群から居住域が構成される。

　蔵垣内遺跡は、遺跡北部に広がる国分古墳群を含めて約24,000㎡が調査されている。そのうち8世紀前半の居住域は空閑地帯を含めて、約10,000㎡の範囲に広がる。建物は北側と南側の2ヵ所にまとまる (図9)。南側の掘立柱建物群は、やはり3～5棟程度を1単位として認識することができる。

　以上のように、8世紀前半における多数の建物が検出された遺跡の実態は、A類建物群に分節して理解することができ、それぞれが一定の距離をもちながら1つの生活単位として機能していると考えたい。

　次に、8世紀後半の様相について検討しよう。時

塚遺跡では8世紀前半とほぼ同じ範囲に建物が広がっている（図6）。時塚遺跡西北部の建物群は半径約30mの範囲にまとまっており、周辺に空閑地帯が広がり、A類建物群と捉えられよう。居住域中央から東南部にかけては連なるように建物が展開しているが、溝によって区画された北側と南側に区別しうる。区画溝北側の建物は、半径約60mにわたってまとまりをもつ。この建物群は、さらに小さな建物のまとまりとみることもできようが、総柱建物のみの一群を、単独で建物群としてみるのではなく、井戸SE042やSE947を共有して、より広い範囲の建物を含めて機能したと考えたい。区画溝の南側の建物については、半径約50mの範囲にわたってまとまりをもつ。区画溝北側の建物群と同様、井戸SK37を共有する一体の建物群として機能したと考える。以上のように時塚遺跡では4群以上の建物群が認められるが、その中で西北部の建物群はA類として、区画溝北側・南側の建物群は複数の屋が倉を共有するB類として捉えることができよう。

遺跡内に丹波国分尼寺を内包する河原尻遺跡は約7,500m²が調査されており、8世紀後半の建物は1,700m²の範囲に広がる。建物は調査範囲西部にまとまり、多数の屋の群が倉を共有するB類建物群と

考えられる（図7）。河原尻遺跡は3間×3間の倉が2棟並立するなど、規模のやや大きいものを含むことからも、国分寺・国分尼寺にともなう末端官衙である可能性も指摘されている（文献5）。

以上のように、8世紀後半における多数の建物が検出された集落遺跡の実態は、A類建物群に加えて、B類建物群が複数集まることで集落を形成していると考えられる。8世紀後半にはこうした様相の集落遺跡が一定数確認でき、居住域内部での建物群のつながりが広範囲に及ぶようになる。上述の河原尻遺跡のような、屋に対して倉の比率が高い遺跡も出現しており、地域社会および集落の内部構造が複雑化・重層化する様子を垣間見ることができる。

Ⅳ　亀岡盆地における集落遺跡の構造の変遷と画期

Ⅱ・Ⅲ章の検討を踏まえて、亀岡盆地の集落遺跡の構造の変化とその背景をあとづけてみよう。

古墳時代集落の廃絶と新興集落の形成　6世紀後半までは、鹿谷遺跡、池上遺跡、里遺跡などの長期継続型、あるいは建物が密集するような遺跡に外来系土器等が集中する様子が認められ、このような遺跡が地域の中心となっていたと考えられる。古墳時代

里遺跡

鹿谷遺跡

図19　古墳時代集落の様相　1：5000

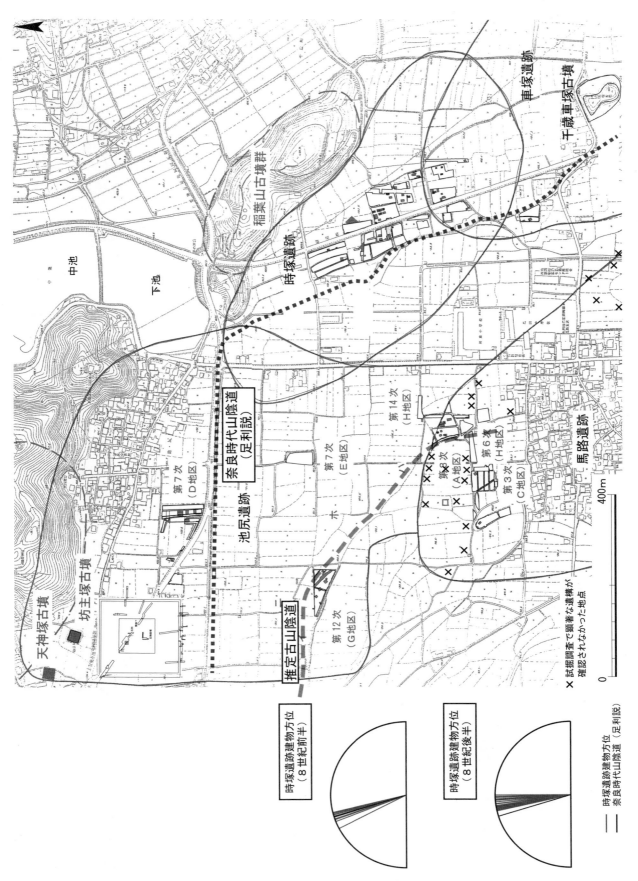

図20　集落の空間的様相　1：8000

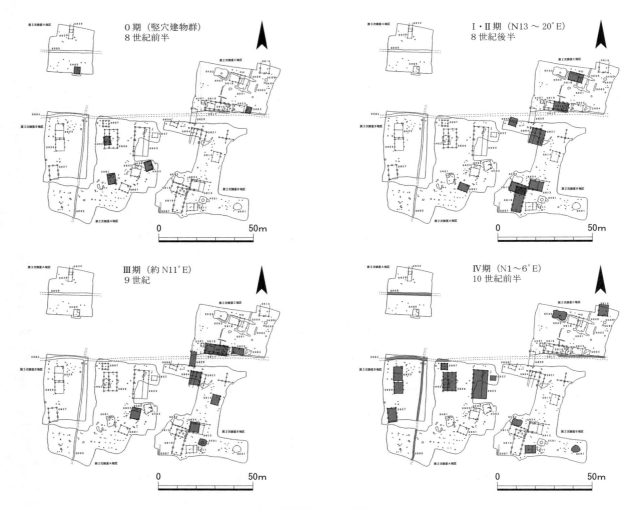

0期（竪穴建物群）
8世紀前半

I・II期（N13〜20°E）
8世紀後半

III期（約N11°E）
9世紀

IV期（N1〜6°E）
10世紀前半

篠遺跡　1：2000

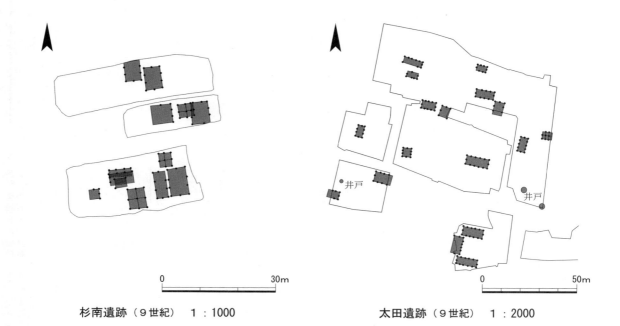

杉南遺跡（9世紀）　1：1000

太田遺跡（9世紀）　1：2000

図21　9世紀以降の集落遺跡の様相

後期の地域社会は、八木嶋遺跡のような豪族居館を地域の頂点として、大規模な遺跡、それに続く中小規模の遺跡が認められ、いわば、遺跡の規模と内容が比例する状況が想定できる。

　6世紀後半から7世紀初頭にかけて、それまで多数の建物が確認されていた集落遺跡で建物数が著しく減少し、特に竪穴建物が密集するような古墳時代的な集落 (図19) は一斉に姿を消す。川西地区のように、7世紀代の居住域が確認されていない空白地帯もある。一方で、馬路遺跡や蔵垣内遺跡のように6世紀以前には居住域が確認されていない川東地区の段丘上で新たに遺跡が確認されるようになる。また、6世紀代の集落のあり方に対し、7世紀代の集落遺跡である蔵垣内遺跡や河原尻遺跡では、同規模の竪穴建物が3〜5棟まとまって建物群を形成しており、集落域の様相は散在的なあり方を示すといった、構造的な変化も看守できる。亀岡盆地における7世紀代の有力者の居住域についてはあきらかではないが、古墳時代後期には「豪族居館」から建物が散在する小規模な集落まで、多様な様相を示す集落が、7世紀代には等質的な集落が散在するようになるという変化は、古墳時代以来の地域社会の変質を示していると考えられよう。こうした状況は丹波北部の由良川下流域でも指摘することができ、伝統的集落の解体と外的要因による新出集落の出現が想定されている (文献70)。川東地区で、奈良時代の山陰道の前身と考えられる遺構が検出されており、新出集落の形成も外的要因を多分に想定する必要があろう。

竪穴建物から掘立柱建物への変化　8世紀前半になると集落遺跡の数が急増する。この時期も依然として居住域は川東地区に集中し、集落の立地には大きな変化はない。また、多くの遺跡で竪穴建物と併存しながら8世紀中頃にかけて掘立柱建物へと移行するが、集落の構造的な変化は大きくないものと考える。畿内周辺の多くの地域では、7世紀代に建物構造と集落構造が軌を一にして変化するのとは対照的である。8世紀になってから出現する篠遺跡でも、初期の段階では竪穴建物のみで構成されていることからも、この時期の変化は集落構造や立地にまでも影響を及ぼすものではなく、より内向的に進行した変化であると考えたい。その背景としては、7世紀末から8世紀初頭に盆地内の各地でおこる寺院建築による影響も考えられよう。これは、今後各地とも比較を進

めるうえで検討されるべき課題である。

集落の内部構造の複合化と集落の重層化　8世紀後半には、川東地区では依然として密度の高い居住域が展開する。また、集落が希薄であった川西地区や盆地西南地区、盆地周縁でも新たに集落が展開する。これらの集落は、扇状地端や河川上流域の山間部など、これまで集落が確認できなかったエリアまで広がっており、地域内の開発が急速に進行したものと考えられる。また、集落構造にも変化が認められ、8世紀後半に各地区で新たに形成された集落には、A類建物群に加えて、複数の屋が倉を共有するB類建物群が一定数確認できるようになる。この時期、丹波では国分寺が整備され、集落の立地も古代山陰道が推定されているエリアに集中する傾向が顕著となる (図20)。このような国家事業によるハード面の整備にともない、川東地区を中心に開発が顕著になり、集落の大規模化と建物群の内部構造の変化が起こったと考えられる。盆地西南地区の金生寺遺跡では、現地形に認められる条里畦畔の起源が8世紀中頃にあることが発掘調査で確認されていることも傍証となろう。

　さらに、この時期の事例として注目しておきたいのは、手工業生産に特化した遺跡が顕在化してくることである。川東地区では、丹波国分寺・国分尼寺の創建とほぼ同時期に三日市遺跡に瓦窯が開窯される。川西地区でも、佐伯遺跡や太田遺跡等で手工業生産遺物が出土するほか、大堰川最上流域の天若遺跡や、盆地西南地区の犬飼遺跡では、杣関連と目される集落が検出されている。丹波杣は平安京造営の際の主要な木材産地のひとつであり、桑田郡内にその位置は想定されている (文献71)。長屋王邸出土木簡のなかにも「丹波杣帳内」とあり (文献83)、奈良時代中葉には主要な木材供給地であったことは確実である。また、篠窯跡群とそれに付属する篠遺跡の大規模化も8世紀後半に求められる (図21)。国府、国分寺・国分尼寺、山陰道の整備にともない、8世紀初頭に盆地各地で認められた古代寺院の多くは廃絶し、桑田郡内の寺院は国分寺にほぼ収斂されることとなる (文献2)。律令体制が地域社会にまで浸透し、それにともない、集落の内部構造だけではなく地域社会全体として、集落階層の重層化が進んだ時期であるといえよう。

集落の立地の変化と大規模化　9世紀の事例は少な

く、同じレベルでの検討は難しいが、**表1**に掲げたように、8世紀に大規模な集落が確認できる遺跡では、その多くが縮小する。入れ替わるようにそれまで集落形成が低調であった川西地区で集落規模が大きくなる。平安時代には、山陰道のルートが川東地区から川西地区に移動するとされていることも一因と考えられる。

なお、太田遺跡や杉南遺跡の事例（**図21**）から考えると、少なくとも9世紀代までは集落の内部構造自体に大きな変化はないと考えられる。11世紀代の集落構造はより散村的で、建物構造も中世的総柱建物へと変化していることから、集落構造の変化の画期としては10世紀代に求められる可能性があるが、現状では不明瞭である。古代集落の終焉については、今後の検討課題として積み残しておきたい。

註
（1）建物は検出されていないが、溝から大量の遺物が出土しており、集落として機能していたものと考えられる。
（2）池尻遺跡第12次調査Ｇ地区ＳＨ06、蔵垣内遺跡第4次調査Ｃ地区ＳＨ75など。

参考文献
1　家原圭太「京都市所在中臣遺跡の性格と変遷―第1次調査の報告から―」『郵政考古紀要』第60号、2014。
2　石井清司「丹波国分寺の創建瓦窯」『京都府埋蔵文化財論集』第5集、財団法人京都府埋蔵文化財調査研究センター、2006。
3　石崎善久「池尻遺跡第7次」『京都府遺跡調査概報』第123冊、財団法人京都府埋蔵文化財調査研究センター、2007。
4　石崎善久・小池寛「池尻廃寺とその周辺」『古代寺院と律令体制下の京都府―なぜそこに寺はあるのか―』第19回京都府埋蔵文化財研究集会発表資料集、京都府埋蔵文化財研究会、2013。
5　岡崎研一「南丹波地方における古代集落について」『京都府埋蔵文化財論集』第5集、財団法人京都府埋蔵文化財調査研究センター、2006。
6　加藤雅士「火のうち処のあるはなし―京都府センター調査による7・8世紀の竪穴建物―」『立命館大学考古学論集Ⅵ』和田晴吾先生定年退職記念論集、立命館大学考古学論集刊行会、2013。
7　亀岡市教育委員会『篠遺跡第2次発掘調査』亀岡市文化財調査報告書第25集、1991。

8　亀岡市教育委員会『丹波並河城跡第3次発掘調査・鹿谷遺跡第3次発掘調査』亀岡市文化財調査報告書第27集、1993。
9　亀岡市教育委員会『鹿谷遺跡第2次発掘調査報告書』亀岡市文化財調査報告書第28集、1993。
10　亀岡市教育委員会『篠遺跡第3次発掘調査報告書』亀岡市文化財調査報告書第31集、1994。
11　亀岡市教育委員会『丹波国府・国分寺関連遺跡発掘事前総合調査報告書』亀岡市文化財調査報告書第39集、1997。
12　亀岡市教育委員会『丹波国府・国分寺関連遺跡発掘事前総合調査報告書』亀岡市文化財調査報告書第47集、1998。
13　亀岡市教育委員会『杉南遺跡発掘調査報告書』亀岡市文化財調査報告書第52集、1999。
14　亀岡市教育委員会『市内遺跡発掘調査報告書』亀岡市文化財調査報告書第55集、2000。
15　亀岡市教育委員会『市内遺跡発掘調査報告書』亀岡市文化財調査報告書第63集、2003。
16　亀岡市教育委員会『府営経営体育成基盤整備事業三俣川地区関連遺跡発掘調査報告書』亀岡市文化財調査報告書第67集、2004。
17　亀岡市教育委員会『国営農地再編整備事業関連遺跡発掘調査報告書』亀岡市文化財調査報告書第68集、2004。
18　亀岡市教育委員会『市内遺跡発掘調査報告書』亀岡市文化財調査報告書第73集、2006。
19　亀岡市教育委員会『市内遺跡発掘調査報告書』亀岡市文化財調査報告書第75集、2007。
20　亀岡市教育委員会『市内遺跡発掘調査報告書』亀岡市文化財調査報告書第76集、2008。
21　京都府教育委員会『埋蔵文化財発掘調査概報（1998）』1998。
22　京都府教育委員会『埋蔵文化財発掘調査概報（1999）』1999。
23　京都府教育委員会『埋蔵文化財発掘調査概報（2000）』2000。
24　京都府教育委員会『埋蔵文化財発掘調査概報（2001）』2000。
25　京都府教育委員会『埋蔵文化財発掘調査概報（2002）』2002。
26　京都府教育委員会『埋蔵文化財発掘調査概報（2003）』2003。
27　京都府教育委員会『埋蔵文化財発掘調査概報（2004）』2004。
28　京都府教育委員会『埋蔵文化財発掘調査報告書　平成十六年度』2005。
29　京都府教育委員会『埋蔵文化財発掘調査報告書　平

成十七年度』2006。

30 京都府教育委員会『埋蔵文化財発掘調査報告書　平成十八年度』2007。

31 京都府教育委員会『埋蔵文化財発掘調査報告書　平成十九年度』2008。

32 京都府教育委員会『埋蔵文化財発掘調査報告書　平成二十年度』2009。

33 京都府教育委員会『埋蔵文化財発掘調査報告書　平成二十七年度』2016。

34 京都府教育委員会『埋蔵文化財発掘調査報告書　平成二十八年度』2017。

35 京都府教育委員会『埋蔵文化財発掘調査報告書　平成二十九年度』2018。

36 京都府教育委員会『埋蔵文化財発掘調査報告書　平成三十年度』2019。

37 京都府教育委員会『埋蔵文化財発掘調査報告書　令和元（平成三十一）年度』2020。

38 京都府埋蔵文化財調査研究センター『京都府遺跡調査概報』第14冊、1985。

39 京都府埋蔵文化財調査研究センター『北金岐遺跡』京都府遺跡調査報告書第5冊、1985。

40 京都府埋蔵文化財調査研究センター『京都府遺跡調査概報』第44冊、1991。

41 京都府埋蔵文化財調査研究センター『京都府遺跡調査概報』第48冊、1992。

42 京都府埋蔵文化財調査研究センター『千代川遺跡』京都府遺跡調査報告書第16冊、1992。

43 京都府埋蔵文化財調査研究センター『京都府遺跡調査概報』第52冊、1993。

44 京都府埋蔵文化財調査研究センター『天若遺跡』京都府遺跡調査報告書第20冊、1994。

45 京都府埋蔵文化財調査研究センター『京都府遺跡調査概報』第56冊、1994。

46 京都府埋蔵文化財調査研究センター『京都府遺跡調査概報』第58冊、1994。

47 京都府埋蔵文化財調査研究センター『京都府遺跡調査概報』第82冊、1998。

48 京都府埋蔵文化財調査研究センター『京都府遺跡調査概報』第89冊、1999。

49 京都府埋蔵文化財調査研究センター『京都府遺跡調査概報』第91冊、2000。

50 京都府埋蔵文化財調査研究センター『京都府遺跡調査概報』第94冊、2000。

51 京都府埋蔵文化財調査研究センター『京都府遺跡調査概報』第98冊、2001。

52 京都府埋蔵文化財調査研究センター『京都府遺跡調査概報』第99冊、2001。

53 京都府埋蔵文化財調査研究センター『京都府遺跡調査概報』第103冊、2002。

54 京都府埋蔵文化財調査研究センター『京都府遺跡調査概報』第104冊、2002。

55 京都府埋蔵文化財調査研究センター『京都府遺跡調査概報』第107冊、2003。

56 京都府埋蔵文化財調査研究センター『京都府遺跡調査概報』第108冊、2003。

57 京都府埋蔵文化財調査研究センター『京都府遺跡調査概報』第110冊、2004。

58 京都府埋蔵文化財調査研究センター『京都府遺跡調査概報』第112冊、2004。

59 京都府埋蔵文化財調査研究センター『京都府遺跡調査概報』第114冊、2005。

60 京都府埋蔵文化財調査研究センター『京都府遺跡調査概報』第120冊、2006。

61 京都府埋蔵文化財調査研究センター『京都府遺跡調査概報』第123冊、2007。

62 京都府埋蔵文化財調査研究センター『京都府遺跡調査報告集』第127冊、2008。

63 京都府埋蔵文化財調査研究センター『京都府遺跡調査報告集』第129冊、2008。

64 京都府埋蔵文化財調査研究センター『京都府遺跡調査報告集』第133冊、2009。

65 京都府埋蔵文化財調査研究センター『京都府遺跡調査報告集』第134冊、2009。

66 京都府埋蔵文化財調査研究センター『京都府遺跡調査報告集』第135冊、2009。

67 京都府埋蔵文化財調査研究センター『京都府遺跡調査報告集』第141冊、2010。

68 京都府埋蔵文化財調査研究センター『京都府遺跡調査報告集』第147冊、2011。

69 京都府埋蔵文化財調査研究センター『京都府遺跡調査報告集』第178冊、2019。

70 桐井理揮「由良川下流域の地域社会と阿良須遺跡」『京都府遺跡調査報告集』第177冊、公益財団法人京都府埋蔵文化財調査研究センター、2019。

71 桐井理揮「犬飼遺跡第2・3次」『京都府埋蔵文化財情報』第137号、公益財団法人京都府埋蔵文化財調査研究センター、2020。

72 古代学研究会編『集落動態からみた弥生時代から古墳時代への社会変化』六一書房、2016。

73 近藤義行「南山城の古代集落」『平安京歴史研究　杉山信三先生米寿記念論集』杉山信三先生米寿記念論集刊行会、1993。

74 近藤義郎「共同体と単位集団」『考古学研究』第6巻第1号、考古学研究会、1959。

75 重藤輝行『古墳時代〜奈良時代の西日本集落遺跡における倉庫遺構に関する研究』佐賀大学芸術地域デ

ザイン学部、2018。

76 柴暁彦「京都府内における奈良・平安期の集落構造について」『京都府埋蔵文化財情報』第83号、財団法人京都府埋蔵文化財調査研究センター、2002。

77 高野陽子「室橋遺跡第5次」『京都府遺跡調査概報』第128冊、財団法人京都府埋蔵文化財調査研究センター、2008。

78 高野陽子「南丹波における古墳時代中期集落の動態」『古代学研究』201、古代学研究会、2014。

79 都出比呂志『日本農耕社会の成立過程』岩波書店、1989。

80 中澤勝「官衙遺跡からみた古代の地域構造の変質―丹波国桑田郡―」『亀岡市文化資料館報』第4号、亀岡市文化資料館、1995。

81 中澤勝「古代山陰道と官衙遺跡」『住まいと移動の歴史』第10回京都府埋蔵文化財研究集会発表資料集、京都府埋蔵文化財研究会、2002。

82 中島皆夫「乙訓南部地域における集落の動向」『立命館大学考古学論集Ⅳ』和田晴吾先生定年退職記念論集、立命館大学考古学論集刊行会、2013。

83 奈良国立文化財研究所『平城宮発掘調査出土木簡概報』23、1990。

84 橋本勝行「京都府北部地域の住まいと煮炊具」『住まいと移動の歴史』第10回京都府埋蔵文化財研究集会発表資料集、京都府埋蔵文化財研究会、2002。

85 原口正三「古代・中世の集落」『考古学研究』第23巻第4号、考古学研究会、1977。

86 樋口隆久・本郷真紹・高橋美久二・足利健亮「第4章　律令体制の成立」『新修亀岡市史』本文編第一巻、京都府亀岡市、1995。

87 広瀬和雄「古墳時代の集落類型―西日本を中心として―」『考古学研究』第25巻第1号、考古学研究会、1978。

88 広瀬和雄「畿内の古代集落」『国立歴史民俗博物館研究報告』第22集、国立歴史民俗博物館、1989。

89 広瀬和雄「畿内とその周辺の村落」『日本村落史講座』第2巻景観1、雄山閣、1990。

90 広瀬和雄「考古学から見た古代の村落」『岩波講座日本通史』第3巻古代2、岩波書店、1994。

91 古川匠「桂川右岸における古墳時代集落の動向（1）～（5）」『京都府埋蔵文化財情報』第116～119・122号、公益財団法人京都府埋蔵文化財調査研究センター、2011～2013。

92 道上祥武「古代集落の諸類型―集落研究の現状と方向性―」『古代集落の構造と変遷1』奈良文化財研究所研究報告第30冊、奈良文化財研究所、2021。

93 森下衛「京都府北部における古代の集落」『京都府埋蔵文化財論集』第4集、財団法人京都府埋蔵文化財

94 八木町教育委員会『池上遺跡発掘調査報告書―第3次・第4次調査―』八木町文化財調査報告書第6集、2000。

95 若林邦彦「弥生時代大規模集落の評価―大阪平野の弥生時代中期遺跡群を中心に―」『日本考古学』第12号、日本考古学協会、2001。

96 若林邦彦「基礎集団・遺跡群・弥生地域社会―大規模集落評価をめぐる補論―」『考古学に学ぶ（2）』同志社大学考古学シリーズⅧ、同志社大学考古学シリーズ刊行会、2003。

97 若林邦彦編『木津川・淀川流域における弥生～古墳時代集落・墳墓の動態に関する研究』同志社大学歴史資料館調査報告第14集、同志社大学歴史資料館、2017。

挿図表出典

図1：　筆者作成。
図2：　文献45より筆者作成。
図3：　文献36・37・47・48・50・52・55・69より筆者作成。
図4：　文献23～27・50～54・56～58・94より筆者作成。
図5・6：文献14・18・28～30・32・62・66より筆者作成。
図7：　文献59より筆者作成。
図8：　文献28・30より筆者作成。
図9：　文献15・17～20・31・63～65・67・68より筆者作成。
図10：文献7・10・36・37・69より筆者作成。
図11：筆者作成。
図12：文献39より筆者作成。
図13：筆者作成。
図14：筆者作成。
図15：筆者作成。
図16：筆者作成。
図17：筆者作成。
図18：筆者作成。
図19：文献43・58より筆者作成。
図20：筆者作成。
図21：文献7・10・13・21・22・47・48・50・52・55より筆者作成。
表1：　筆者作成。

各遺跡引用文献一覧

【天若遺跡】文献44。
【八木嶋遺跡】文献45。
【千代川遺跡】文献11・12・33～36・38・40・42。

【北金岐遺跡】文献39。
【太田遺跡】文献21・22・47・48・50・52・55。
【鹿谷遺跡】文献8 ・9 ・41・43。
【佐伯遺跡】文献36・37・69。
【犬飼遺跡】文献71。
【杉南遺跡】文献13。
【池上遺跡】文献23・25 〜 27・50 〜 52・54・
　　　　　56 〜 58・94。
【里遺跡】文献15・16・58。
【池尻遺跡・池尻廃寺】文献14・18・19・29・31・41・
　　　　　46・60・61。
【時塚遺跡】文献14・18・28 〜 30・32・62・66。
【馬路遺跡】文献28・30・59 〜 61。
【車塚遺跡】文献28 〜 31・61。
【蔵垣内遺跡】文献15・17 〜 20・31・63 〜 65・67・68。
【三日市遺跡】文献17・28・30・59・60・62。
【河原尻遺跡】文献59。
【篠遺跡】文献7 ・10。

駿河国富士郡域周辺における古代集落の構造と変遷

藤村　翔（富士市市民部文化振興課）

I　はじめに

　北に富士山、南に駿河湾を望む駿河国富士郡域は、富士山南麓の富士川・潤井川流域から愛鷹山南麓の須津川周辺までの範囲を指すと考えられており、その領域は現在の富士・富士宮市域にほぼ重なる。同地域において古墳時代中期後半から奈良・平安時代の長期間にわたり拠点的な役割を果たしたと考えられる集落が、富士川扇状地の東岸（現在の潤井川東岸）に近接して展開した沢東A遺跡と東平遺跡である。本研究では両拠点集落を分析の中心に据えつつ、近隣遺跡や隣接する駿河郡域の竪穴建物762棟、掘立柱建物110棟を対象に（図1）、その時期や規模、建物群の構造について分析をおこなうことで、本地域における古代集落構造の特徴を抽出したい。

II　研究史
（1）富士山南麓地域における古墳時代後期から律令期の集落研究

昭和初期以前　富士山南麓地域の古代集落や郡家[1]をめぐる考古学的研究は、富士市伝法三日市周辺（現在の三日市廃寺）に散布する布目瓦の発見からはじまる（文献25・32）[2]。柴田常恵はこのとき、瓦の年代は奈良時代末期を降るものではないこと、また付近に残る多数の古墳を営んだ豪族の私寺にともなう瓦であった可能性を指摘している。また高橋勇之はこの瓦が『日本三代実録』貞観5年（863）6月2日条にて定額寺に列せられた法照寺址にともなう瓦と評価した。

1950〜1980年代　1950年代には伝法東平から三日市一帯にかけて土器の散布が広がることはあきらかになっていたが（文献35・36）、高度経済成長期になると東平遺跡では初となる大規模発掘調査が実施される。2地区の調査担当の中野国雄は、8世紀〜9世紀初頭の100棟を超える竪穴建物を詳細に分析して郷戸や人口の復元を試みたほか、生産条件の悪い立地性

や限られた存続時期から、律令制下の外的要因が強く働いて成立した集落と位置付けており（文献37・38）、以後も引き継がれる東平遺跡を官衙関連遺跡とみる方向性がこの時点で示されている。3地区の調査では、整然と並ぶ掘立柱建物群や腰帯具、墨書土器等の特徴的な遺物が出土し、中野の視点を踏襲・補強した分析が進められた（文献46）。三日市廃寺の認識については、中野も伊勢塚古墳を嚆矢とする古墳群を営んだ国造やその子孫である郡司級の豪族によって奈良時代に営まれた寺院跡と考え、平安時代には噴火の頻発する富士山を鎮護する役割も付与されて、定額寺「法照寺」が形成されたと考えた（文献38）。

　しかし、上記のような地元中心の研究者による東平遺跡の評価は慎重に扱われたようであり、1990年刊行の静岡県史における「歴史時代の遺跡の概観」では、官衙跡という評価ではなく、重要な集落遺跡という評価に留めた一方（文献11）、向坂鋼二は早くに富士郡家所在地として東平遺跡に注目している（文献58）[3]。

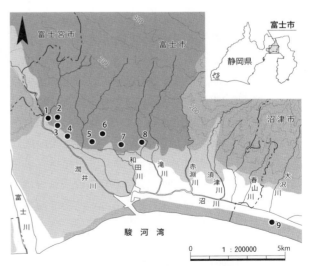

1.沢東A遺跡　2.沢東B遺跡　3.川窪遺跡　4.中桁・中ノ坪遺跡
5.東平遺跡　6.滝下遺跡　7.舟久保遺跡　8.宇東川遺跡　9.中原遺跡

図1　対象遺跡分布図

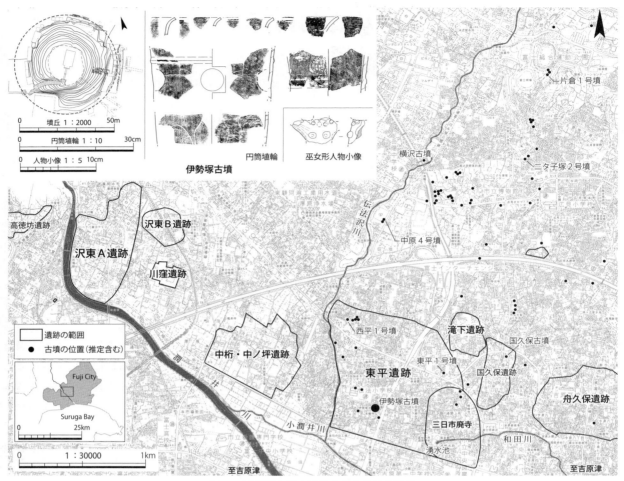

円筒埴輪 巫女形人物小像

伊勢塚古墳

片倉1号墳

横沢古墳

二タ子塚2号墳

中原4号墳

高徳坊遺跡

沢東B遺跡

沢東A遺跡

川窪遺跡

西平1号墳

滝下遺跡

国久保古墳

中桁・中ノ坪遺跡

東平1号墳

東平遺跡

国久保遺跡

舟久保遺跡

伊勢塚古墳

三日市廃寺

和田川

湧水池

小潤井川

潤井川

至吉原津

遺跡の範囲
古墳の位置（推定含む）

Fuji City

Suruga Bay

0　　　25km

0　墳丘 1：2000　50m

0　円筒埴輪 1：10　30cm

0　人物小像 1：5　10cm

1：30000　1km

至吉原津

図2　潤井川東岸の遺跡分布と伝法古墳群

110

1990〜2000年代　1990年代になると、東平遺跡を郡家関連遺跡と考える上で重要な発見が相次ぐ。まず富知六所浅間神社周辺の28地区の調査では5世紀後半頃から8世紀前半の竪穴建物のほか、8世紀とみられる長大な廂付掘立柱建物が検出された（文献8）。

近接する16地区では9世紀後半の三面廂の可能性のある掘立柱建物や区画溝、また9世紀後半以降に廃棄された瓦溜が検出されている（文献9）。旧宮の上地区と呼ばれた16地区周辺は、1980年代の確認調査でも「寺」、「厨」などの墨書土器が発見されている地区でもあり（文献27・44）、三日市廃寺または郡家に関連する重要な地点であることが改めて認識された。

そうした成果を受け、植松章八は東平遺跡3地区などの掘立柱建物や27地区出土の「布自」墨書土器、終末期古墳出土品を含む腰帯具の存在から、東平遺跡を郡家所在地と位置付け、その成立を8世紀初頭とした（文献3・4）。

また植松は、滝下遺跡や舟久保遺跡、宇東川遺跡で出土している各種腰帯具や「倉」、「布」墨書土器を重視して、東平遺跡から宇東川遺跡までの東西3kmほどの範囲を8世紀以来の郡家とその関連施設所在地としてとらえ（文献4・5）、9世紀後半以降には衰退しつつも、10世紀初頭に世襲郡司氏族が現富士山本宮浅間大社に隣接する大宮城跡に移動するまで存続したと結論付けている（文献3）。

2003・2006年には『静岡県の古代寺院・官衙遺跡』（文献23）と『古代の役所と寺院』（文献24）が相次いで刊行され、東平遺跡や三日市廃寺に対する県内各地の研究者による評価も多くみられるようになった。

三日市廃寺も含めた県内の古代寺院については地方豪族の「私の寺」としての側面が強いことが指摘され（文献33）、3地区の掘立柱建物群については郡家やその周辺にあった施設の一部として位置付ける評価が提示されている（文献30・54・55）。

佐野五十三も、東平遺跡周辺の遺跡を「大渕扇状地・吉原丘陵遺跡群」として、富士郡家とその関連施設として早くからとらえている（文献20など）。そして富士郡域の他の集落遺跡のなかに8世紀代が欠落するものがあることに着目し、東平遺跡周辺への移住・集住政策が実施された可能性を提起している（文献20・22）。佐野の仮説は中野以来の東平遺跡「計画村落」説を引き継ぎつつ、他の集落遺跡の調査進展の成果も反映させることで補強・昇華したものと理解することが可能であり、今後も検証していくべき問題であろう。

2010年代　古墳時代中・後期に台頭する旧富士川氾濫原東岸（潤井川東岸）の沢東A遺跡などの集落については、同地域の開発の跡と評価する視点がすでに渡井英誉によって示されていたが（文献60）、同地に広がる伝法古墳群の一連の調査研究によって、鍛冶や木材加工、皮革・織物などの手工業や土木技術に関わる渡来人も含めた集団によって、富士山麓や富士川扇状地周辺の開発が推進されたことが裏付けられてきた（文献16・17・45・51）（図2）。東平遺跡の郡家成立前史として、沢東A遺跡や伝法古墳群などの歴史的文脈が当地域に存在したことが確かめられたことは、大きな成果といえる。

また、東平遺跡や当地の古代集落については、墳墓域と寺域、集落域という差はもちろん、集落域の地点別の消長も一様でないことに目を向けた見解が相次いでいるほか（文献14・21・56）、奈良時代から平安時代への集落動態の変化に注目した研究（文献49）や、駿河・伊豆の郡家関連遺跡における官衙関連遺物や手工業関連遺物の動向に関する研究（文献18）も進められている。

Ⅲ　集落分析の視点と方法

（1）研究の課題

富士山南麓の古代集落研究においては、富士郡家を中心とする郡内集落の時期的変遷や墨書土器、腰帯具、手工業関連遺物といった遺物中心の分析については一定の成果を収めているものの、各集落を構成する個別の建物の規模や形態、建物どうしの関係性についての研究は、3地区の報告書で検討されて以来（文献46）、充分に進んでいるとは言い難い。

また、集落の消長に関わる議論に欠くことのできない、時期決定の基準となる在地の土器編年について

も、研究の蓄積はあるものの、誰もが分類しやすく、共通の指標となるような編年は未整備である。

したがって現状の報告書や論文等では、搬入品である須恵器や灰釉陶器の編年に依拠せざるを得ず、在地の杯・甕などしか出土しない遺構では、各研究者の年代観によるおおよそ50年単位（8世紀前半、後半など）での時期比定がおこなわれることが多く、研究の再現性・検証性という観点からも、再検討の余地がある。

（2）分析方法

以上の研究状況ならびに今回の研究集会の趣旨でもある古代集落構造とその変遷に関わる分析（文献47・48）を重視するため、本研究ではまず、富士郡家関連集落である東平遺跡とその前段階の拠点集落である沢東A遺跡という水系を共有する2つの拠点集落を中心としつつ（図2）、その周辺遺跡や近接する駿河郡域の中原遺跡の建物遺構を集成し、その規模（主軸幅・直交幅・面積）を計測・算出した。

遺構の時期決定には、本地域の古代集落では10世紀まで依然として竪穴建物が主体となることから、その出土土器の一括資料を基礎とした土器編年を新たに用意し、5世紀後半から6世紀代を4期（文献19）、7世紀から11世紀までを10期（文献53）に区分することで、各建物の帰属時期を求めた。時期決定基準の明瞭化を図ることで、再検証しやすい分析を試みた（図3・4）。

そうして得られた竪穴建物762棟、掘立柱建物110棟を基礎として、建物面積の時期別ヒストグラムを遺跡毎に作成した（図5・6・14）[4]。

竪穴建物の規模は便宜上20㎡以下を小型、20〜40㎡以下を中型、40〜60㎡以下を大型、60〜90㎡以下を超大型に区分している。

また、各集落において建物が集中する地区の遺構全体図を時期別に作成し、建物の主軸や建物入口へ至る道[5]を共有する複数の建物（屋）の集合体を建物群（文献47）ととらえることで、それらの特徴や変遷について検討をおこなう。

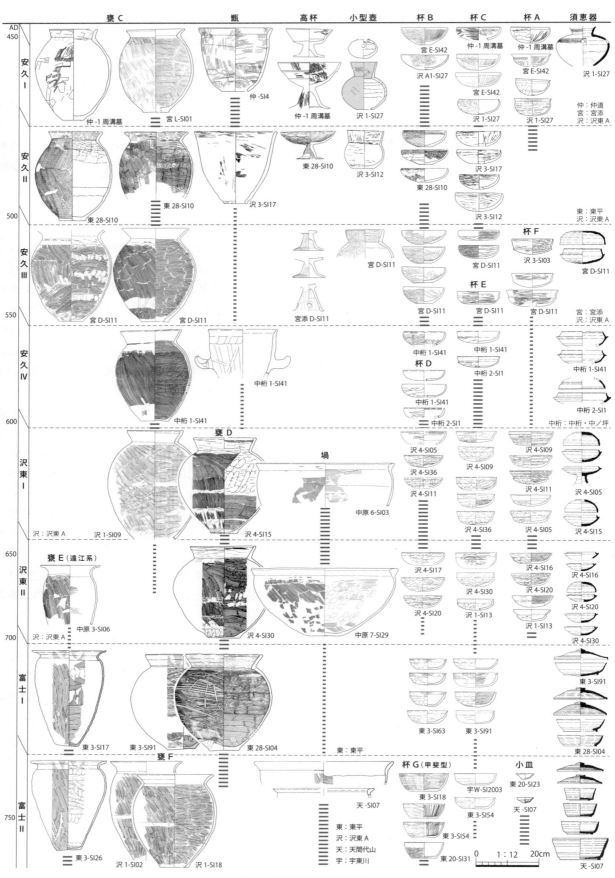

図3　駿河東部土器編年①

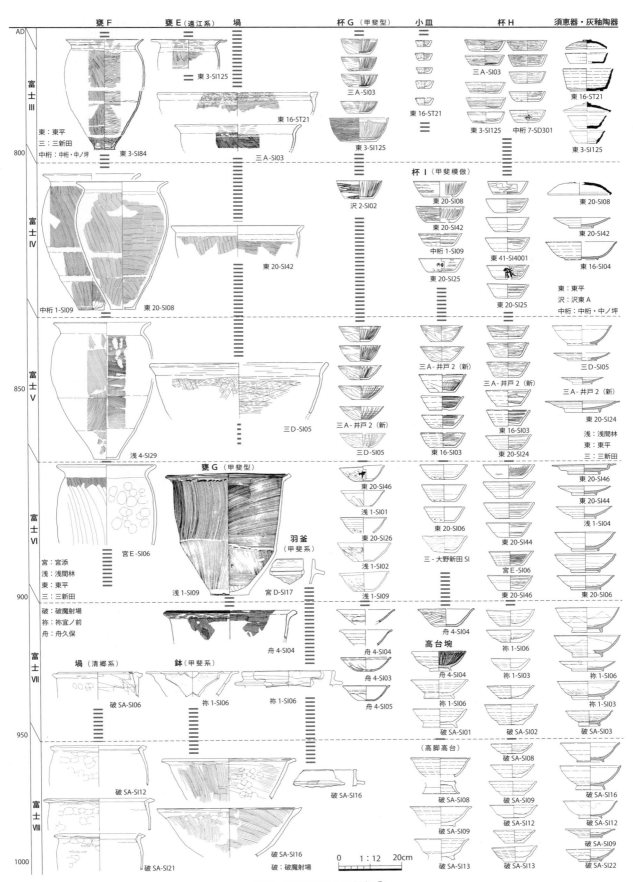

図4　駿河東部土器編年②

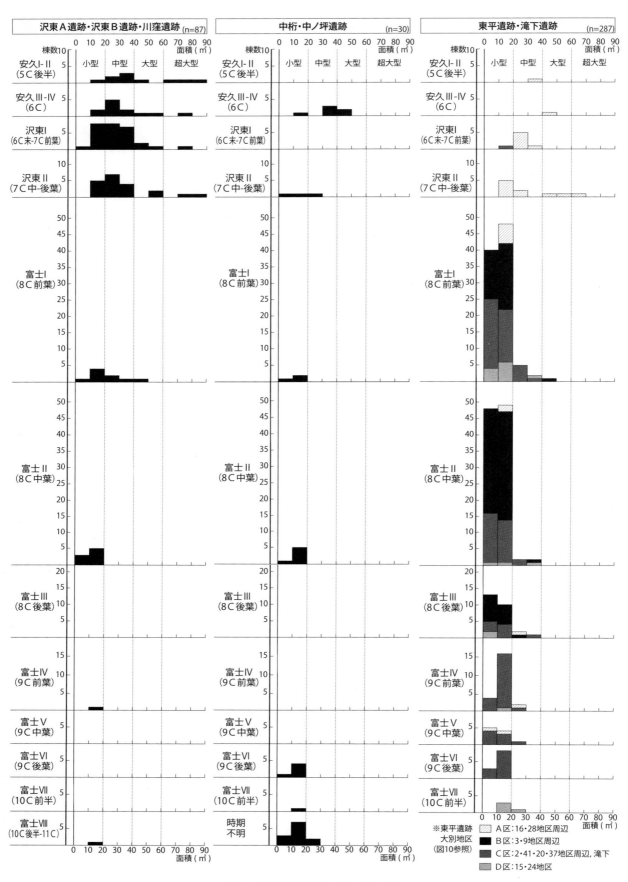

図5　竪穴建物面積ヒストグラム①

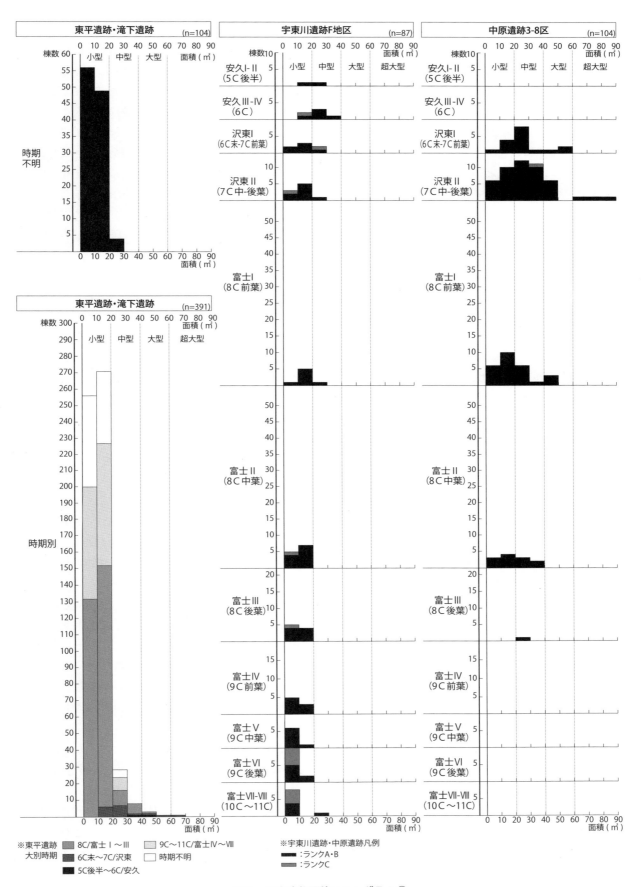

図6　竪穴建物面積ヒストグラム②

IV　古墳時代中・後期から飛鳥時代の
　　集落と構造

　富士山南麓から愛鷹山南麓における飛鳥時代の拠点集落は、先述した富士川（潤井川）東岸の沢東A遺跡のほかにも、浮島沼北西岸の宇東川遺跡、同北岸の宮添遺跡、田子の浦砂丘西部の三新田遺跡、同砂丘東部の中原遺跡など、地域内の各所に分散する。それでも、後の駿河郡域である中原遺跡を除けば、沢東A遺跡の地域内の優位性はこれまでの研究においても指摘されるところであり、現状では郡家の前身的な拠点集落として評価される。本節では、当該期の拠点集落である沢東A遺跡（図7）を中心に、一般集落である宇東川遺跡（図8・9）、駿河郡域の拠点集落である中原遺跡（図10）を主たる対象として、古墳時代後半期から飛鳥時代にかけての集落構造の特徴を抽出したい。

（1）古墳時代中・後期の集落と構造

竪穴建物の特徴　沢東A遺跡は5世紀後半（安久I・II）に台頭するが、この時期すでに20〜40m²の中型の竪穴建物を頂点とする緩やかな山が認められる一方で、60m²を超える超大型の竪穴建物も一定量存在する（図5）。興味深いことに、遺跡南側の1次・4次調査地点では大型以上の竪穴建物は皆無であるが、北側の3次調査地点にこの時期から大型の建物が集中しており（3次SI 12：83.42m²、同SI 18：76.50m²、同SI 07：62.17m²、同SI 17：43.89m²）、地区による集落の機能差・階層差が当初より存在したことがうかがえる。一方、宇東川遺跡では18〜25m²程度の小型から中型の竪穴建物しか認められず（図6）、大型以上が不在となる集落も存在することが確認できる。

　6世紀代（安久III・IV）でも基本的な特徴は変わらないが、沢東A遺跡では3次調査地点の大型以上の建物がやや減少し（3次SI 16：76.93m²、同SI 02：45.56m²）、1次調査地点で大型建物が登場する（1次SI 25：59.13m²）。東隣の中桁・中ノ坪遺跡はこの時期に形成を始めるが、やはり中型建物がもっとも多く（1地区SI 03：43.16m²、同SI 41：45.23m²）、50m²以下の大型建物は認められるものの、超大型は認められない。類例は少ないが、もっとも下流の東平遺跡も同様の状況と考えられる。宇東川遺跡は12〜30m²ほどの小型から中型の竪穴建物が主体であり、前代とさほど変わらない。

集落構造の特徴　建物の構成については、現状では竪穴建物（屋）しか確認できず、掘立柱建物（倉）は未だみられない。1次調査地点では大型のSI 25の周囲に同時期の小型建物が複数近接して展開しており、単数の大型建物（屋）＋複数の小型建物（屋）からなる建物群を基本として集落が構成される。同様の状況は中桁・中ノ坪遺跡でも認められ、この時期の当該地域では普遍的な集落単位の1つと考えられる。一方で、宇東川遺跡では単数の30m²前後以下の中型建物（屋）＋複数の小型建物（屋）からなる建物群によって集落が構成されており、居住集団の階層性が集落構造の特徴に現出している可能性がある。

沢東A遺跡の集落と地域首長　沢東A遺跡の3次調査地点は富士川扇状地の東端を流れる潤井川と富士山南麓を流れる凡夫川の合流地点である治水上の要地に位置し、石製模造品や子持勾玉、新来の須恵器を用いた水辺の祭祀跡とみられる集石遺構が5世紀後半から6世紀前半にかけて継続的に営まれたことから、地域内の支配者層に近い集団が居住していたことが推察される。6世紀前半に沢東A遺跡から2kmほど下流に築かれた直径50mを測る大型円墳・伊勢塚古墳の被葬者との関連も想定されよう（図2）。

（2）飛鳥時代の集落と構造

竪穴建物の特徴　沢東A遺跡では、6世紀末から7世紀後葉（沢東I・II）にかけて建物数が一挙に増加し、集落の最盛期を迎える。竪穴建物の規模をみると、10〜40m²の小・中型建物がもっとも多く、前代に比べて小型建物の数が増加している（図5）。10m²以下の小型建物が登場するのも、この時期からである。大型・超大型建物も少数存在しており、こちらは前代と大きく変わらない。地区別にみると、前代に趨勢を誇っていた3次調査地点では大型以上の建物が消失し、かわりに1・4次調査地点に大型以上の建物が集中するようになる（1次SI 13：76.44m²、同SI 28：56.25m²、同SI 04：54.43m²、4次SI 20：80.91m²、同SI 29：70.56m²、同SI 36：52.67m²、同SI 24：47.18m²、同SI 10：46.48m²）。

　下流の東平遺跡も当該期に建物数が大きく増加するが、地区は遺跡南東側の旧富士川氾濫原や和田川水源に近いA区（16・28地区周辺）（図12）にほぼ限定されており、当遺跡の開発が河川域周辺から開始されたことがうかがわれる。

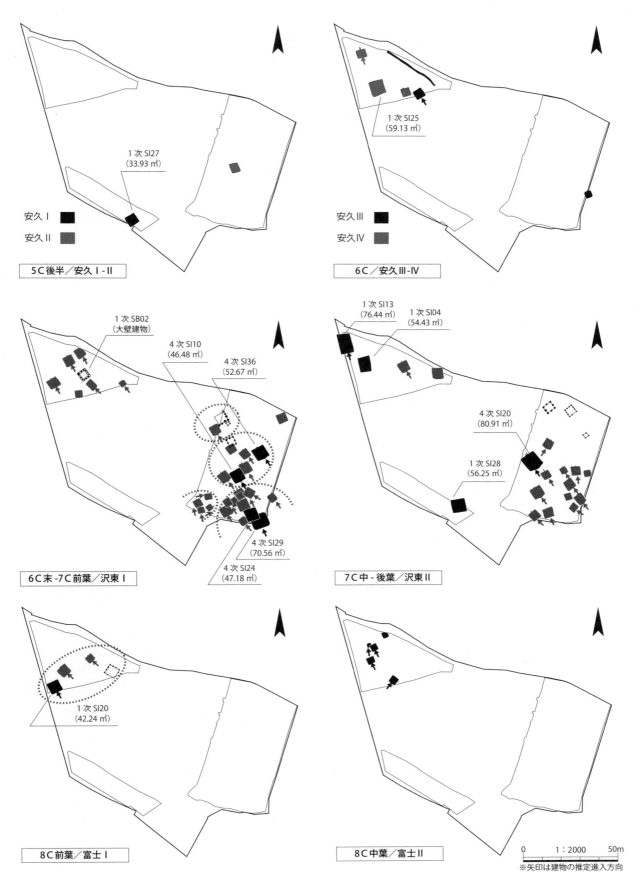

1次 SI27
(33.93 ㎡)

安久Ⅰ ■
安久Ⅱ ■

5C後半／安久Ⅰ-Ⅱ

1次 SI25
(59.13 ㎡)

安久Ⅲ ■
安久Ⅳ ■

6C／安久Ⅲ-Ⅳ

1次 SB02
(大壁建物)

4次 SI10
(46.48 ㎡)

4次 SI36
(52.67 ㎡)

4次 SI29
(70.56 ㎡)

4次 SI24
(47.18 ㎡)

6C末-7C前葉／沢東Ⅰ

1次 SI13
(76.44 ㎡)

1次 SI04
(54.43 ㎡)

4次 SI20
(80.91 ㎡)

1次 SI28
(56.25 ㎡)

7C中-後葉／沢東Ⅱ

1次 SI20
(42.24 ㎡)

8C前葉／富士Ⅰ

8C中葉／富士Ⅱ

0   1 : 2000   50m

図7　沢東A遺跡　集落変遷図

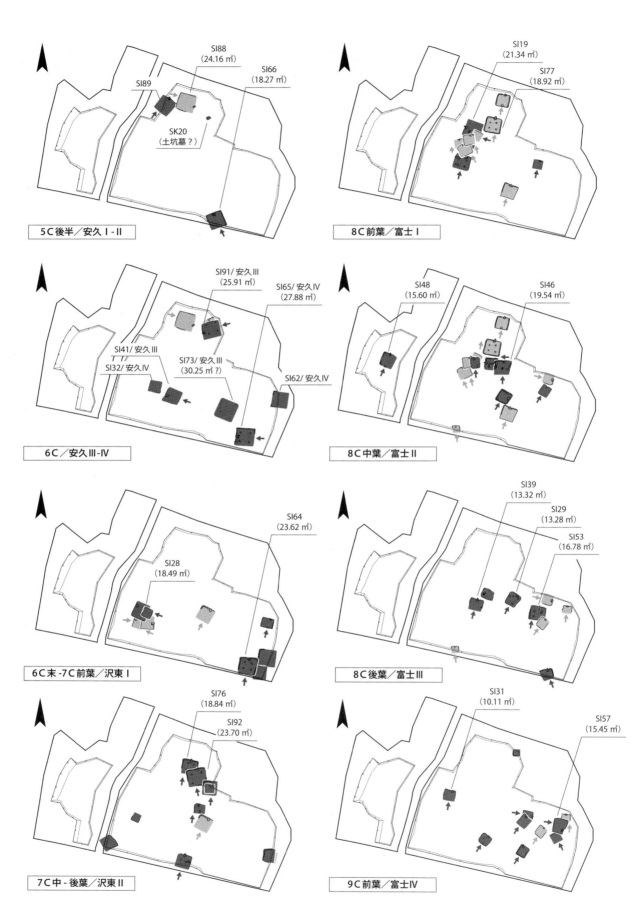

118

SI88
(24.16 ㎡)

SI66
(18.27 ㎡)

SI89

SK20
(土坑墓？)

5C後半／安久 I - II

SI91/ 安久 III
(25.91 ㎡)

SI65/ 安久 IV
(27.88 ㎡)

SI41/ 安久 III

SI32/ 安久 IV

SI73/ 安久 III
(30.25 ㎡ ?)

SI62/ 安久 IV

6C／安久 III-IV

SI64
(23.62 ㎡)

SI28
(18.49 ㎡)

6C末 -7C前葉／沢東 I

SI76
(18.84 ㎡)

SI92
(23.70 ㎡)

7C中 - 後葉／沢東 II

SI19
(21.34 ㎡)

SI77
(18.92 ㎡)

8C前葉／富士 I

SI48
(15.60 ㎡)

SI46
(19.54 ㎡)

8C中葉／富士 II

SI39
(13.32 ㎡)

SI29
(13.28 ㎡)

SI53
(16.78 ㎡)

8C後葉／富士 III

SI31
(10.11 ㎡)

SI57
(15.45 ㎡)

9C前葉／富士 IV

図8　宇東川遺跡 F 地区　集落変遷図①

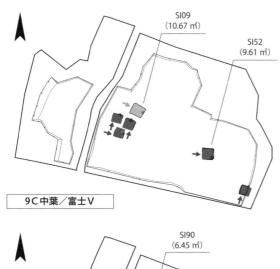

SI09
(10.67㎡)

SI52
(9.61㎡)

9C中葉／富士Ⅴ

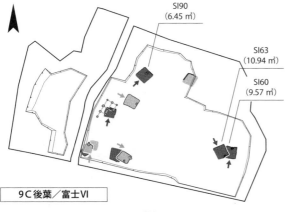

SI90
(6.45㎡)

SI63
(10.94㎡)

SI60
(9.57㎡)

9C後葉／富士Ⅵ

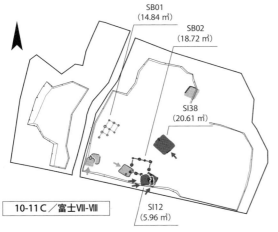

SB01
(14.84㎡)

SB02
(18.72㎡)

SI38
(20.61㎡)

SI12
(5.96㎡)

10-11C／富士Ⅶ-Ⅷ

■ 時期が明確な遺構　■ 時期が不明確な遺構

0　　　　　　　1：1000　　　　　　50m

※矢印は建物の推定進入方向

図9　宇東川遺跡F地区　集落変遷図②

駿河郡域の中原遺跡も6世紀末〜7世紀前葉（沢東Ⅰ）に集落規模が一挙に拡大したようであり（**図6**）、20〜30㎡の中型建物を主体に、10㎡以下の小型建物から60㎡未満の大型建物まで登場するほか、7世紀中葉〜後葉（沢東Ⅱ）には90㎡未満の超大型建物が一定数加わっており、建物規模の階層性は沢東A遺跡や東平遺跡と同等とみてよい。

　一方で、宇東川遺跡は5〜24㎡ほどの小型・中型建物からなり、ここでも10㎡以下の建物が6世紀末〜7世紀前葉（沢東Ⅰ）に初めて登場するほか、10㎡台の小型建物が主体となっており、沢東A遺跡や東平遺跡、中原遺跡と比べると建物規模が相対的に小さい傾向がうかがえる。

集落構造の特徴　当該期の建物構成をみると、前代にみられなかった掘立柱建物が沢東A遺跡の1・4次調査地点に現れる。いずれも桁行1〜3間×梁行1〜3間の側柱建物で、平面積は20㎡以下の小規模なもので占められており、倉として認識できるものが多い。また当地域では極めて稀少な大壁建物と考えられる例が1棟検出されている（1次SB02）。沢東A遺跡では1次SI27、4次SI10など5ヵ所以上の建物跡等から牛骨・牛歯が出土しており、当遺跡周辺において牛の飼育が広く実施されていたことが想定されることから、渡来系集団との関わりも想定しておくべきだろう（文献2・51）。

　駿河郡域の中原遺跡でも当該期に掘立柱建物が登場する。桁行2〜3間×梁行2〜3間の側柱建物で平面積が10〜30㎡の建物が主体となるが、一部に倉とみられる桁行3間×梁行2間の総柱建物（3区SB01：29.58㎡）や、詳細な時期が不明ながら、大型の屋とみられる桁行5間×梁行4間の片廂付側柱建物（7区SB02：66.55㎡）も現れており、駿河郡域の集落のほうが富士郡の沢東A遺跡周辺よりも先進的な様相を呈している。

　建物群の内容については、沢東A遺跡や東平遺跡、中原遺跡では前代でも認められた単数の大型建物（屋）＋複数の小型建物（屋）からなる建物群を基本としつつ、建物群によってはこれに小規模な掘立柱建物（倉）が加わる構造となっている。沢東A遺跡の4次調査区は特に6世紀末〜7世紀前葉（沢東Ⅰ）に建物の重複が著しいが、（古）SI29→（新）SI24、（古）SI36→（新）SI10のように、大型の竪穴建物を中心とした2〜3世代の建物群の集積と判断できる。

駿河国富士郡域周辺における古代集落の構造と変遷

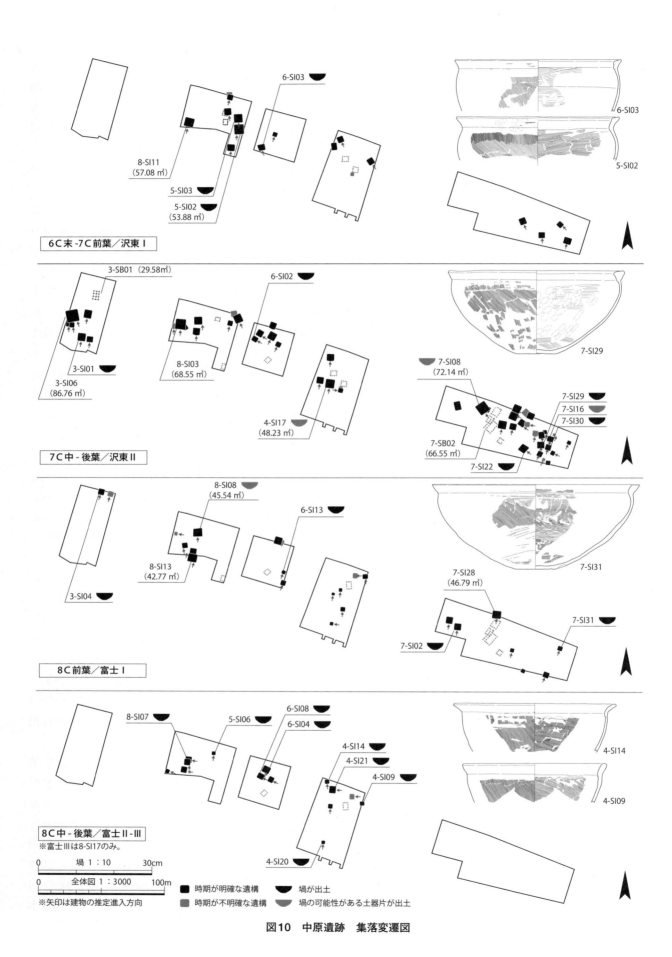

図10　中原遺跡　集落変遷図

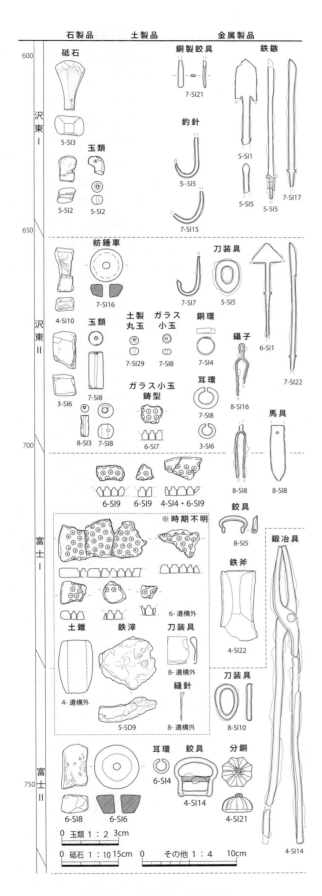

石製品	土製品	金属製品

砥石

銅製鉸具
7-SI21

鉄鏃

沢東Ⅰ

600

5-SI3

釣針

5-SI1

玉類

5-SI2　5-SI2

5-SI5

5-SI5　5-SI5

7-SI17

650

7-SI15

紡錘車

刀装具

沢東Ⅱ

4-SI10

7-SI7

5-SI5

7-SI22

玉類

土製
丸玉

ガラス
小玉

銅環

7-SI8

7-SI29　7-SI8

6-SI1

3-SI6

ガラス小玉
鋳型

鑷子

7-SI4

耳環

7-SI8

7-SI8　7-SI8

6-SI7

8-SI16

馬具

8-SI3　7-SI8

3-SI6

700

6-SI9　6-SI9　4-SI4・6-SI9

8-SI8　8-SI8

富士Ⅰ

※時期不明

鉸具

8-SI5

鍛冶具

6-遺構外

鉄斧

6-SI9　6-SI9

4-SI4・6-SI9

土錘

鉄滓

刀装具

4-SI22

8-遺構外

縫針

4-遺構外

刀装具

5-SD9

8-遺構外

8-SI10

750

耳環

鉸具

分銅

6-SI4

富士Ⅱ

6-SI8　6-SI6

4-SI14

4-SI21

4-SI14

0　玉類 1：2　3cm

0　砥石 1：10　15cm　　0　　その他 1：4　　10cm

図11　中原遺跡　主要遺物

続く7世紀中葉〜後葉（沢東Ⅱ）では、沢東A遺跡4次SⅠ20（80.91㎡）、1次SⅠ13（76.44㎡）といった、隔絶した規模を有する超大型の竪穴建物を中心とした建物群に集約された状況が見てとれる。この現象は、駿河郡域の中原遺跡においても同様であり、3区SⅠ06（86.76㎡）、8区SⅠ03（68.55㎡）、7区SⅠ08（72.14㎡）が各建物群の中心となっている。中原遺跡ではこれらに倉や一部大型の屋とみられる掘立柱建物を含む建物群も現れる。また、沢東A遺跡4次調査区では掘立柱建物（倉）が竪穴建物の建物群とは別に、北側にまとめられたような配置をとることに特徴がみられる。一建物群を構成する小集団の倉から、複数の建物群に関わる、広範な集団の倉へとその性格が変化した可能性を指摘したい。

拠点集落の様相が超大型の竪穴建物を中心に階層的に再編される一方で、宇東川遺跡では依然として中型建物（屋）＋複数の小型建物（屋）からなる建物群によって集落が構成されており、小型建物の割合も大きく増加する点に特徴がある。居住集団の階層性が、前代から踏襲されていたものと判断される。沢東A遺跡や東平遺跡、中原遺跡といった地域の拠点集落と比して、宇東川遺跡は相対的に下位の集団による、一般集落として評価されよう（文献52）。

沢東A遺跡・東平遺跡と伝法古墳群　当該期は旧富士川氾濫原東岸に展開し、同地域や富士山南麓の開発を担った集団の墓域である伝法古墳群の最盛期にあたる（文献51）。古墳群から潤井川を2kmほど上流に昇れば沢東A遺跡が立地し、また古墳群自体が東平遺跡の範囲と重複する点などから、両集落が古墳群の集団の母体となっていたとみてよい。

複合的手工業・水産加工拠点としての中原遺跡　中原遺跡は駿河湾沿岸部の田子の浦砂丘上、浮島沼に面して立地する集落跡であり、これまでに250棟以上の竪穴建物が調査され、うち100棟強が報告されている（文献10）（図10・11）。7世紀代は豊富な手工業関連遺物（砥石、紡錘車、ガラス小玉鋳型）や、各種鉄製品（鉄鏃、刀装具、馬具）、玉類などが出土するほか、8世紀代には鍛冶具（鉄鉗）や鉄滓といった手工業関連遺物、銅製鉸具、分銅が出土しており、集落が拡大する7世紀代には駿河湾沿岸部における一大手工業生産拠点として機能していたことがうかがえる。

また、7世紀代より鉄製釣針や大型土錘などの漁具のほか、回遊性魚類の煮炊き用とされる土師器堝[6]

駿河国富士郡域周辺における古代集落の構造と変遷

がまとまって出土しており、推古朝期に駿河国へ設置されたと考えられている稚贄屯倉[7] を連想させる、「原初的なミツキ・ニエとして堅魚製品が貢納された段階」(文献41) の水産加工拠点としても評価できる余地がある。

中原遺跡から浮島沼を挟んだ北側には、7世紀代を中心に総数1,000基を超える小型円墳が築かれた愛鷹山南麓の古墳群 (須津・船津・石川古墳群など) が広がっており、東海地域における大型群集墳の偏在性と王領 (文献34) の観点からも非常に注目される拠点集落といえる。

V　奈良・平安時代の集落と構造

8世紀 (富士Ⅰ〜Ⅲ) には沢東A遺跡から2.5kmほど下流に位置する東平遺跡 (図12) に地域内の拠点的機能が完全に移り、B区 (3・9地区周辺) では8世紀前葉に桁行5間、梁行3間の大型掘立柱建物 (SB39) や桁行3間、梁行2間の総柱式掘立柱建物 (SB30) などが南北50m、東西100mの範囲に方形に並ぶ郡家関連建物群が登場するほか、その周囲に200棟以上にのぼる竪穴建物・掘立柱建物が集中して営まれる。その一方、前代までの拠点的集落であった沢東A遺跡をはじめとする旧富士川扇状地東岸の集落のほか、浮島沼縁辺や愛鷹山南麓も含めて郡内集落は

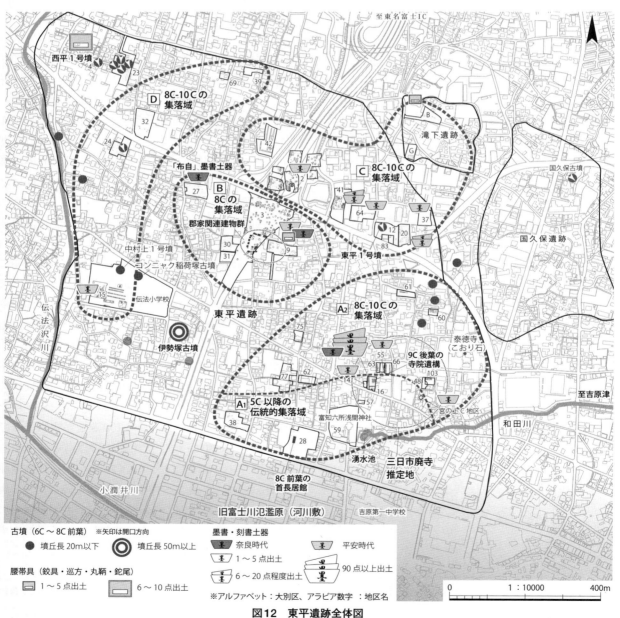

図12　東平遺跡全体図

軒並み低調となっており、東平遺跡への移住・集住が実施された可能性がある（文献20・22）。本節では、当該期に富士山南麓地域内でも極めて重要な位置を占めたとみられる東平遺跡の集落を中心に、遺跡内の地区区分（A～D区）にも目を配りつつ検討する。

（1）8世紀前葉の集落と構造

竪穴建物の特徴　8世紀前葉（富士Ⅰ）の東平遺跡における竪穴建物の面積分布は、飛鳥時代までから大きく変容し、20㎡以下の小型建物が圧倒的多数を占めるようになり、20～40㎡以下の中型建物は少数に、40～50㎡以下の大型建物はわずか1例（3地区 SI 91：46.23㎡）のみとなる（図5）。地区別にみると、前代まで東平遺跡の中枢であった川沿いのA区（16・28地区周辺）にとどまらず、B～D区の全域に集落が拡大していることがわかるが、特にB区（3・9地区周辺）、C区（2・41地区・20地区ほか）の建物数は多く、当該期の東平遺跡における急激な人口増加に対応するため、標高の高い遺跡北部から東北部がこの時期新たに集落域として開発された状況が読みとれる。

他の遺跡では竪穴建物自体が少ないが、中桁・中ノ坪遺跡が小型の建物しかみられない一方、沢東A遺跡では少数ではあるが中型・大型の建物が依然として営まれており、前代からの影響が奈良時代にも色濃く残っている可能性がある（図5・6）。駿河郡の中原遺跡も10㎡台の小型建物が主体となるが、中型建物や大型建物の割合も一定数あり、沢東A遺跡の状況と類似する。宇東川遺跡は前代同様10㎡台の小型建物が主体で、大型以上の建物はみられない。

掘立柱建物の特徴　掘立柱建物の面積分布は、前代同様20㎡以下の倉とみられる建物が圧倒的多数を占めつつ、20～40㎡以下の大型の倉、もしくは屋と想定される建物、またそれ以上の規模の大型の屋が東平遺跡においてこの時期新たに登場している（図14）。

上述した方形配列をとる3地区の郡家関連建物群には、桁行5間、梁行3間の大型の屋となる掘立柱建物（SB 39：48.70㎡、SB 49：56.27㎡）を中心に、桁行3間、梁行2～3間の倉や屋が集中する。なお、この建物群ではSB 27・28・29・30・31・39・40の柱穴に方形掘方が含まれるが、同形態の柱穴を有する建物は他地区ではC区の20地区SB 01・04に認められる程度である。

また、東平遺跡から1kmほど東に位置する舟久保遺跡の建物群も東西方向に整然と並ぶ建物配置をとるが、方形掘方のものは皆無であるほか、掘方の形状は不揃いで柱間の乱れも著しい（図15）。以上のことから、東平遺跡B・C区の当該建物群の隔絶性は、郡内他遺跡はもちろん、遺跡内の他地点と比べても非常に大きいものであり、公的な機能を有した郡家関連建物群に相応しい。

一方で、旧富士川河岸に近接する28地区SB 01（A区）は桁行9間、梁行3間（廂込み）の片廂で建物面積が127.40㎡を測る郡内最大の掘立柱建物であり、郡家関連建物あるいは郡領氏族層の居館と考えられているが、柱穴はすべて小規模な円形であり、B区の方形配列の建物群と比べると在地的な特徴が色濃いようにも見受けられる。なお、同地区は旧富士川扇状地東岸では極めて初期にあたる5世紀後半から集落化を遂げた伝統的な居住域でもあり、在地勢力との親和性を想起させる土地柄といえる（図16）。周囲に同時期の竪穴建物が近接する点も、B区と同様の公的な施設とするには躊躇するものであり、現状では在地首長層の居館としての性格を推定しておきたい。

集落構造の特徴　東平遺跡3地区周辺の集落構造については、同地区の報告書（文献46）において地形等を考慮したグルーピングがおこなわれていることから、今回の検討でもその分類を一部援用し、周辺の地区も含めた建物群を抽出した（a～h）[8]（図13）。

それによると、8世紀前葉の建物群b1のように飛鳥時代にも盛行した大型竪穴建物（屋）と小規模な掘立柱建物（倉）や竪穴建物（屋）によって構成されるものはむしろ稀であり、多くは複数の中型や小型の竪穴建物（屋）と小型の掘立柱建物（倉）で構成される建物群となっている。

3地区周辺では、掘立柱建物（倉）を含まない建物群（a4？、f1、g1、h1～3）、単数の竪穴建物（屋）のみのもの（f1、g1）もあるが、むしろ他地区では倉を含まない建物群のほうが一般的であり、郡家関連建物群との関係性のためか、掘立柱建物の検出例自体が東平遺跡のB区（3・9地区周辺）に集中する（図14）。建物面積が大きく土器も豊富な3地区SI 91などの一部を除けば、総じて竪穴建物の規模による階層性あるいは機能性は希薄となっており、銅製腰帯具（3地区SI 37）や鞴羽口（3地区SI 52）、鉄滓（3地区SI 35）などの特殊遺物も、小型建物から出土している。

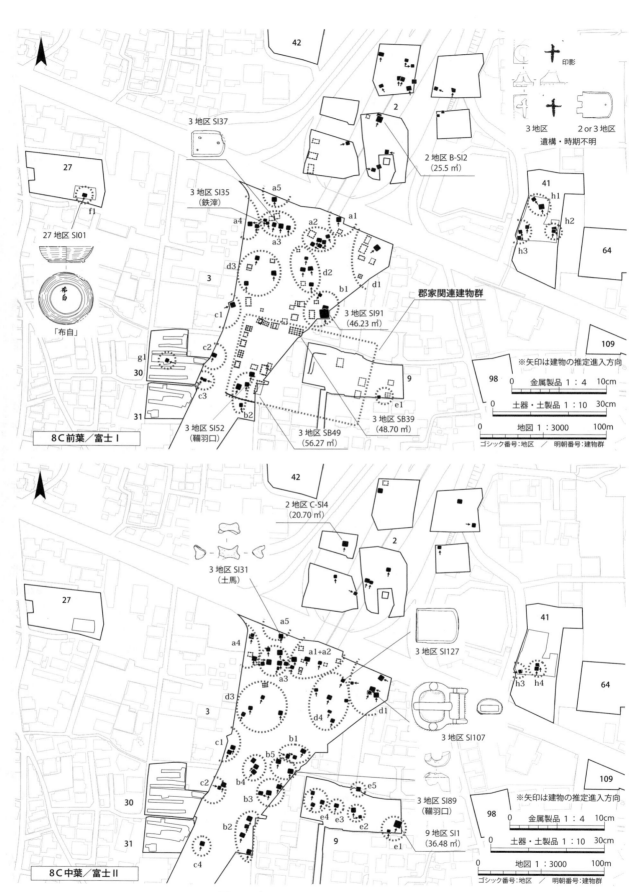

図13　東平遺跡2・3地区周辺の状況①

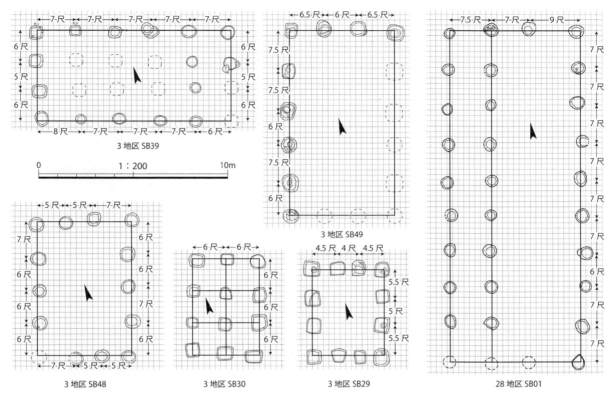

東平遺跡　掘立柱建物

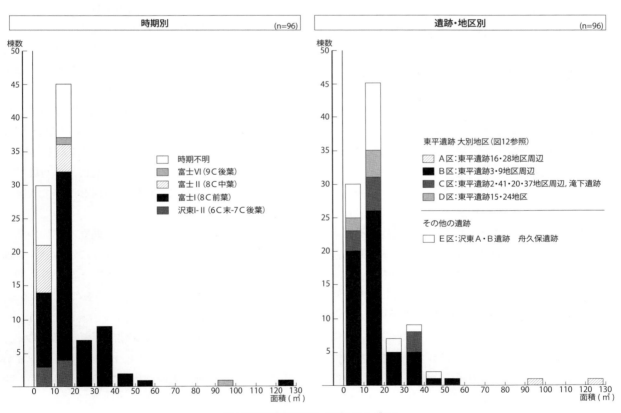

富士郡域の掘立柱建物　面積ヒストグラム

図14　東平遺跡の掘立柱建物と面積ヒストグラム

駿河国富士郡域周辺における古代集落の構造と変遷

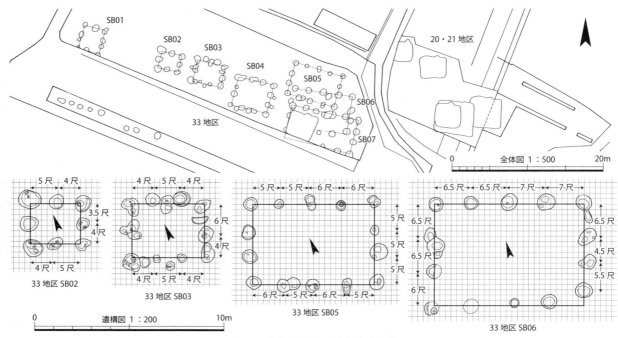

図15　舟久保遺跡の掘立柱建物群

以上のことから、奈良時代前葉には28地区ＳＢ01（Ａ区）を建造するような一部の最有力層を除くと、竪穴建物に居住した各集団は基本的には均質化を迎えるようであるが、一部は倉の有無や屋の数などによって集団の権勢を示していた可能性がある。28地区で確認された最有力層の建物群は、建物規模だけをみれば郡家関連建物と遜色のない大型掘立柱建物を主屋とし、周囲に小型の竪穴建物を数棟配した建物群を構成していたことが推定される。未調査ではあるが、周囲には別の掘立柱建物による屋や倉が存在した余地もある（図16）。

（2）8世紀中葉の集落と構造

竪穴建物の特徴　8世紀中葉（富士Ⅱ）における竪穴建物の面積分布は、東平遺跡では前代から引き続き20㎡以下の小型建物が圧倒的多数を占め、20〜40㎡以下の中型建物は少数に、40㎡以上の大型建物は皆無となる（図5・6）。沢東Ａ遺跡、中桁・中ノ坪遺跡、宇東川遺跡は小型建物で占められるようになっており、基本的には建物規模の均質化の方向性がさらに強まったと考えられる。一方、中原遺跡では小型建物が量としては勝るものの、中型建物の割合も依然として大きい。

　また、建物数は人口爆発が起こった8世紀前葉と比べて、**図13**の地区では約24％増、遺跡全体ではほ

ぼ同水準を維持しており、3・9地区では郡家関連建物群の内部にまで竪穴建物が多数進出した状況が認められる。竪穴建物との重複関係から、この方形配列の掘立柱建物群は、8世紀中葉までの比較的短期間のうちに消滅、あるいは別所に移転したことが想定されるのであり、跡地はスムーズに新興の集落域へと変容を遂げている。

掘立柱建物の特徴　掘立柱建物の面積分布は、前代同様20㎡以下の倉とみられる建物が多数を占め、20㎡を超える大型の建物はみられなくなる（図14）。掘立柱建物の時期比定の困難さに起因する可能性もあるが、同遺構の検出数自体も前代と比べて大幅に減少する。

集落構造の特徴　東平遺跡では、掘立柱建物の減少にともない、複数あるいは単数の竪穴建物（屋）で構成される建物群が増加する（図13）。また、当該期の建物群の範囲（居住域）を前代までのものと比べると、8世紀前葉から踏襲するもの（a3〜5、b1〜2、c1〜2、d1・3、e1、h3）、複数の建物群が合わさるもの（a1＋a2）、新たに設けるもの（d4、b3〜5、e2〜5、h4）が認められる。前二者は前代までの集団の子孫、後一者は新規の集団の居住を示す可能性があろう。したがって、基本的には前代までの居住域を踏襲しつつも、郡家関連建物群の跡地なども活用することで、新たに居住域を拡大させていった状況がうかがえる。

126

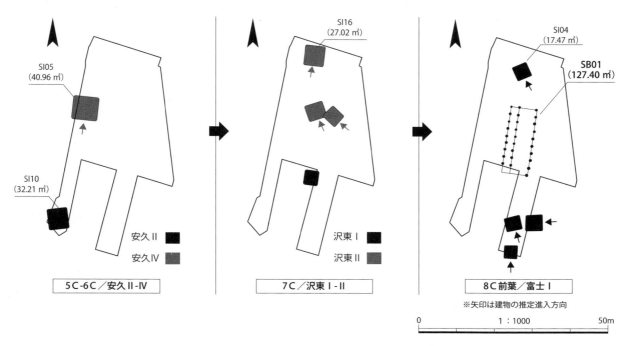

図16　郡領氏族層の建物群とそれ以前の集落（東平遺跡28地区）

（3）8世紀後葉以降の集落と構造

竪穴建物の特徴　東平遺跡では8世紀後葉に竪穴建物の数が大きく減少を始めるが、9世紀中葉以降にはさらに激減することがヒストグラムから読み取れる（図5・6）。

　東平遺跡内においては、前代までに建物が集中していたB区が、9世紀以降に集落としての機能が放棄される一方で、C区やA区などを中心に建物数が増加する。富士郡全体では9世紀中葉以降、7世紀以前の伝統的な集落の再興や新興集落の台頭が進むことがわかっており（文献49）、郡家近郊から郡内各所へと人口流出が進んだものとみてよい。

　建物面積は8世紀中葉までと同様に20 m²以下の小型建物が圧倒的多数を占めるが、8世紀後葉には10 m²以下の小型建物が東平遺跡や宇東川遺跡で増加する。20～40 m²以下の中型建物も8世紀後葉までは少数認められるが、9世紀以降には30 m²を超える竪穴建物はみられなくなる。建物規模の小型化・均質化の流れは、8世紀後葉から9世紀にかけて加速していったと考えられる。

掘立柱建物の特徴　掘立柱建物についてもその数は大きく減じ、面積20 m²以下の倉とみられる建物が基本的には多数を占める（図14）。1例ある90 m²台の建物は、村落内寺院の可能性が指摘されている東平遺跡16地区SB01であり、建物面積が95.00 m²、三面

廂を有する9世紀後葉の大型建物と考えられる。このほかにも、9世紀以降の最有力層に関わる居館等の遺構は当地域では未発見であるが、大型の掘立柱建物や礎石建物が存在する可能性も想定しておくべきであろう。

集落構造の特徴　掘立柱建物の減少にともない、複数あるいは単独の竪穴建物（屋）で構成される建物群が主流となる。東平遺跡B区では、8世紀後葉の建物群は前代までの範囲を踏襲したものに限られており、いずれも8世紀中葉までの集団の系譜を継ぐ人々が居住したものと推定される（図17）。

　9世紀以降、竪穴建物の小型化・均質化とともに東平遺跡の建物数の減少によって、建物群自体も小規模化している地区も一部で見受けられるが、C区の20地区のように9世紀前葉から後葉の建物が密集する地区もあり、各地区の立地や特性等を活かした集落占地が優先されていったことが推察される。

　郡家近郊で観察されるこうした現象は、当該期に郡内各所へと集落が分散していく流れ（文献49）と基本的には連動したものとしてとらえられよう。

図17　東平遺跡２・３地区周辺の状況②

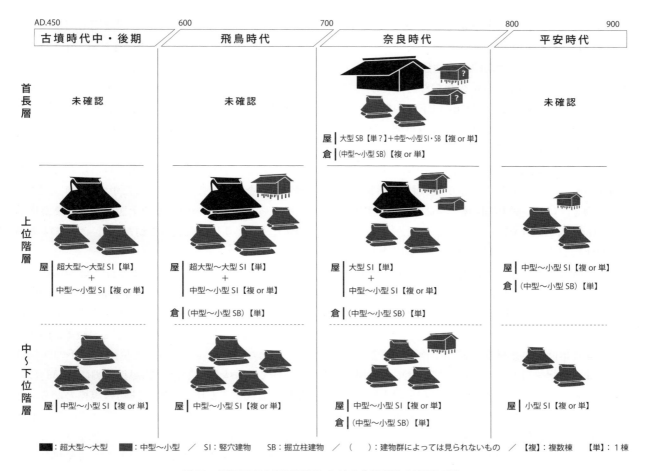

AD.450	600	700	800	900
古墳時代中・後期	飛鳥時代	奈良時代	平安時代	

首長層　未確認　未確認

屋｜大型 SB【単?】＋中型～小型 SI・SB【複 or 単】
倉｜（中型～小型 SB）【複 or 単】

未確認

上位階層

屋｜超大型～大型 SI【単】
＋
中型～小型 SI【複 or 単】

屋｜超大型～大型 SI【単】
＋
中型～小型 SI【複 or 単】
倉｜（中型～小型 SB）【単】

屋｜大型 SI【単】
＋
中型～小型 SI【複 or 単】
倉｜（中型～小型 SB）【単】

屋｜中型～小型 SI【複 or 単】
倉｜（中型～小型 SB）【単】

中～下位階層

屋｜中型～小型 SI【複 or 単】

屋｜中型～小型 SI【複 or 単】

屋｜中型～小型 SI【複 or 単】
倉｜（中型～小型 SB）【単】

屋｜小型 SI【複 or 単】

■：超大型～大型　■：中型～小型　／　SI：竪穴建物　　SB：掘立柱建物　／　（　　）：建物群によっては見られないもの　／　【複】：複数棟　　【単】：1棟

図18　駿河国富士郡域周辺における集落構造の変遷モデル

Ⅵ　古代富士郡域周辺における集落構造の特徴と変遷

　前節まで、律令期に駿河国富士郡域の拠点的機能を担った旧富士川扇状地東岸域とその近隣地域における古墳時代中・後期から飛鳥時代、奈良・平安時代の集落構造の特徴と変遷についてみてきた。以下、時期別にその特徴を抽出したい（図18）。

（1）古墳時代中期後半から飛鳥時代

大型竪穴建物を中心とする建物群　古墳時代中期後半から飛鳥時代には、竪穴建物の面積が60～90㎡となる超大型建物や40～60㎡の大型建物1棟を中心に、その周囲に10～40㎡までの小・中型建物が複数棟集まって構成される建物群が富士山南麓地域周辺の拠点集落において主流となる。また、7世紀代には10㎡以下となる極小の竪穴建物も登場し、建物群に加わる。

　宇東川遺跡では大型建物が不在となるかわりに、単数の中型建物を中心に、周囲に複数の小型建物が集まって構成される建物群が主体となっていることから、集団の経済力や階層性によって集落構造に相対的な差違が現れたものと推察される。

　倉とみられる20㎡以下の掘立柱建物も7世紀以降に登場し、7世紀前葉までは建物群につき1棟みられる程度であるが、中原遺跡では7世紀中葉～後葉に総柱建物が現れるほか、屋とみられるやや大型の側柱建物が加わる建物群も登場する。また、沢東A遺跡では竪穴建物の建物群から独立して、倉としての掘立柱建物が特定の箇所にまとまる傾向も見出すことができるようになる。

建物群の階層性　上記のような大型の屋を中心として、多分に階層性をはらんだ大小の建物によって構成される建物群のあり方は、古墳時代的な特徴ととらえることも可能である。

　広瀬和雄の指摘によれば、1棟の竪穴建物を1世帯とみなすことで、複数の世帯の集合である建物群は、家父長を中心とする古代家族の単位として認識できる可能性があるという（文献47）。

明確な首長層の居館は未確認のため不明であるが、上位階層以下については、主屋となる大型竪穴建物の規模や倉の有無、建物群内の建物数などによって、建物群 (家族) による階層差が存在した可能性が考えられるところである。ただ、20㎡以下の小型竪穴建物だけで構成されるような建物群は当該期にはみられず、富士山南麓から愛鷹山南麓の当該期集落全般において、多くの建物群は少なくとも中型から大型の建物が中心となっており、分布が限られる一部の超大型建物を除けば、家族間の格差は劇的に大きなものではなかったともいえる。

大型建物が中心となる建物群と、中型建物が中心となる建物群の差について、前者を上位階層の建物群、後者を中位から下位階層の建物群として位置付けるが、本稿ではあくまで相対的な階層差として捉えておきたい。

古墳被葬者集団と集落構造 富士山南麓から愛鷹山南麓には6世紀後葉から7世紀代にかけて各河川流域の丘陵部、谷部などに総数1,500基以上の古墳群が築かれているが、これらの古墳の造墓主体には、集落内でみられた各建物群の中心的な世帯の長とその親族が第一候補として挙げられる。

当該古墳群の横穴式石室には石室規模による相対的な階層差を見出すことが可能であり (文献50)、集落内で見られた階層分化も、古墳被葬者集団内部の規範とともに形成・表現されていったものとみられる (文献52)。

（2）奈良時代から平安時代

中・小型の屋と倉の増加 奈良時代になると上記の状況は一変し、竪穴建物の面積が40㎡超の大型建物は極少数に、20〜40㎡の中型建物ですら少数となり、20㎡以下の小型建物が激増する。倉とみられる20㎡以下の掘立柱建物もこの時期に普及しており、特に東平遺跡3地区周辺では竪穴建物に近接した倉が増加する。

つまり、単数の大型建物を中心として小型の倉や中・小型の屋が付随する古墳時代以来の建物群は希少となり、奈良時代には複数の中・小型の竪穴建物と倉からなる建物群が一般的となっている。

建物群と戸 この建物群における屋 (竪穴建物) は少ないもので1〜2棟、多いもので6棟ほどとなるものもあるが、今回の8世紀の編年では2世代程度が含ま

れる可能性も考えられるので、同時期の屋は多くても3〜4棟前後になることが予想される。屋1棟を1世帯として、竪穴建物内の住人を5人と仮定すれば、1建物群の人口は15〜20人程と考えられる。一般的な戸口の総数を平均20人前後とする大宝2年 (702) 御濃国戸籍に関する研究を参照すれば (文献1)、1建物群がおおよそ戸籍上の1戸を示す可能性も充分に想定される。坂井秀弥は当該期の集落にみられる集村的状況を編戸との関係で示したが (文献12)、沢東A遺跡から東平遺跡への変遷や上記のような集落構造の変化も、そうした広域的な動きに則ったものとみられる。

建物群の階層性 郡家に近接する首長層 (郡領氏族層) の建物群 (東平遺跡28地区) は、建物面積が127.40㎡の片廂掘立柱建物と20㎡以下の小型竪穴建物数棟からなるものであり、上位階層以下との格差は隔絶したものとなっている。一方、上位階層以下の建物群については、大型の竪穴建物が集落内に普遍的に存在した前代までと比べ、竪穴建物の規模のばらつきは縮小しており、上位階層と中・下位階層との階層差も、次第に解消されていったことが推定される。

屋の小規模化・均質化 8世紀中葉には大型の竪穴建物が完全に消失し、平安時代には竪穴建物規模の均質化が一層進むことから、少人数の世帯が一般化したことが想像される。また、建物群の規模が少数化するものも目立つようになり、単数世帯からなる家族 (核家族) も増加したとみられる。平安時代の有力層の居館的な遺構は未発見であるが、一般集落では竪穴建物の規模による格差は少なくなり、小規模な倉の有無などによる階層差が認められる。

当地域では9世紀になると郡家である東平遺跡への一極集中的状況は解消され、郡内の伝統的集落への回帰や新興集落の台頭が広がる (文献49)。8世紀後葉から9世紀代に増加する小規模な建物群、言い換えればスリムな世帯や家族が増加する現象は、集落間の移住や新村開拓 (文献12) が進行することでより流動的となった地域社会や、その構成員たる家族の実態を反映している可能性がある。

Ⅶ　おわりに

本稿では、主として律令期に駿河国富士郡とよばれた領域において拠点的な役割を果たしたと考えられる富士川扇状地東岸 (現在の潤井川東岸) 周辺の5世

紀後半から10世紀の集落を対象に、その時期や規模、建物群の構造について分析をおこなうことで、本地域の集落構造の特徴について検討した。

　大小の竪穴建物で構成された建物群を基本とする古墳時代中期から飛鳥時代の集落が、家父長世帯とその他世帯との格差を示すものと考えれば、小型の建物が一般的となる奈良時代以降の集落は、戸主世帯とその他の世帯との格差が縮小したものとも判断される。一方、奈良時代は大型の竪穴建物がほぼ消失したことで、郡領氏族層と一般家族の格差はむしろ拡大しているのであり、8世紀前葉における郡家周辺へ権力や人口を集中させていく動向（文献49）と連動して、一般戸主層に対しては建物規模の統制が図られた可能性も考えられる。

　東国的な竪穴建物中心の古代集落は、詳細な時期比定がしやすい分、より客観的で細かな分析にも耐え得るという研究上のメリットがある。今後は隣接する廬原郡や駿河郡、また伊豆国等の状況も整理することで、より広範な地域の実態に即したモデルの構築を進めていきたい。

謝　辞

　本稿を成すにあたり、以下の方々には、資料調査や資料収集、情報交換など、大変有意義なご教示をいただきました。ここに記して、心より御礼申し上げます。

　小田裕樹、木ノ内義昭、桐井理揮、櫛原功一、木村聡、小泉祐紀、小島利史、小林晃太郎、佐藤祐樹、志崎江莉子、清水哲、杉本悠樹、田尾誠敏、名村威彦、馬場基、原正人、平野修、廣瀬覚、道上祥武、三舟隆之、若林美希、渡井英誉（五十音順、敬称略）

　また2020年夏に鬼籍に入られた佐野五十三氏には、筆者の奉職後初現場となる古代集落遺跡の発掘調査や整理作業等を通して、当地域の研究の現状や方向性について日常的に有益な議論を交わさせていただいた。浅学である筆者の言に呆れることも多かったであろうが、筆者も氏の自由で豪快な人柄に翻弄されることが多かったので、お互いさまということでお赦しいただきたい。本稿や今後の研究によって氏の学恩に少しずつでも応えていくことを誓い、謹んでご冥福をお祈り申し上げます。

註

（1）富士郡域における郡司の行政拠点を指す概念として、本稿では当時の史資料でみられる郡家という呼称を使用する（文献13）。以下、先行研究の紹介も含め、すべて郡家という呼称に統一して記述を進める。

（2）布目瓦の存在は少なくとも江戸時代末には知られており、文久元年（1861）成立の『駿河史料』巻之五十三　富士郡五（文献40）には、泰徳寺周辺の田畑を耕すと「布目古瓦」が出土することが記されている。

（3）向坂鋼二は東平遺跡に注目した根拠のひとつに、2地区で三彩破片が出土したという中野国雄の記述（文献37・38）を挙げている（文献58）。ただ、その後の正報告には当該資料が掲載されず（文献46）、現在も所在が確認できないことから、三彩の存在自体が疑問視される。

（4）本稿では竪穴建物をSI、掘立柱建物をSBとする表記に統一している。したがって、報告書で○号住とするものはSI○、○号棟とするものはSB○という表記となるので、原典を当たられる場合には注意されたい。

　　また、宇東川遺跡・中原遺跡については遺構の残存状況によって以下のように面積ランクを設定し、A～Cの資料を主として扱っている（A：主軸幅、直交幅ともに実測値／B：主軸幅、直交幅の一方が実測値、もう一方が推定値／C：主軸幅、直交幅ともに推定値／D：主軸幅、直交幅ともに推定不能）。

　　さらに、集落変遷図・ヒストグラム等への時期の振り分けに際し、複数時期が推定されるものについては、それぞれの時期へカウントしている。

（5）集落内の建物間を結ぶ簡易な路面。当地域において実際に検出されたことはないが、竪穴建物ではカマドの対辺を建物の入口方向と仮定することで、おおよその進入路とそれを共有する建物群を想定することが可能となる。古墳時代群集墳研究における墓道認識（文献57）を参考とした。

（6）駿河・伊豆地域で出土する土師器塤について、8～9世紀代の藤井原遺跡や御幸町遺跡における集中的出土状況（文献31）から、同遺跡を平城京へ調として貢納する堅魚製品（堅魚・荒堅魚・煮堅魚・堅魚煎汁）を生産した「国衙に付属した水産加工センター的な」集落として評価する意見（文献41）がある。

（7）『日本書紀』安閑天皇2年（535）5月甲寅条に、諸国への屯倉の設置記事の末尾に、駿河国へ稚贄屯倉を置くとの記事がある。富士川東岸地域に比定されることの多いこの屯倉について、仁藤敦史は有力な皇子（稚）へ貢納物（贄）を献上するために設置された屯倉として考え、後に駿河国や伊豆国の特産物と

なった荒堅魚などが、この屯倉を経由して「東国之調」の一種として中央に送られたことを想定する（文献41）。

（8）2地区（文献46）については出土遺物等に未報告資料が多く、今回の検討では土器実測図が公表されていて帰属時期が検討できる一部の建物跡だけを扱って集成に加え、それを全体図に図示している。したがって、実際には今回の全体図に図示できなかった時期不明の建物が多数存在することから、建物群の分析からは除外することとした。いずれ再整理作業を実施し、分析の俎上に載せることが望まれる。

参考文献

1　今津勝紀『戸籍が語る古代の家族』歴史文化ライブラリー488、吉川弘文館、2019。

2　植月学「沢東Ａ遺跡から出土した動物遺体」『富士市内遺跡発掘調査報告書—令和元年度—』富士市埋蔵文化財調査報告第70集、富士市教育委員会、2021。

3　植松章八「古代・中世の富士氏」『元富士大宮司館跡』富士宮市文化財調査報告書第24集、富士宮市教育委員会、2000。

4　植松章八「特論—東平遺跡の成立と展開—」『東平遺跡　第16地区（三日市廃寺跡）第27地区発掘調査報告書』富士市教育委員会、2002。

5　植松章八「静岡県の鋳帯具」『東平遺跡発掘調査報告書』富士市教育委員会、2003。

6　鐘江宏之「郡家と庄所」『史跡で読む日本の歴史4　奈良の都と地方社会』吉川弘文館、2010。

7　木ノ内義昭『舟久保遺跡　第20・21・33・34地区発掘調査報告書』富士市教育委員会、1996。

8　木ノ内義昭『東平遺跡　第28地区発掘調査報告書』富士市教育委員会、2001。

9　木ノ内義昭ほか『東平遺跡　第16地区（三日市廃寺跡）第27地区発掘調査報告書』富士市教育委員会、2002。

10　木村聡・矢田晃代『中原遺跡発掘調査報告書』沼津市文化財調査報告書第113集、沼津市教育委員会、2016。

11　斉藤忠「歴史時代の遺跡の概観」『静岡県史』資料編2　考古二、静岡県、1990。

12　坂井秀弥「律令以後の古代集落」『歴史学研究』No.681、歴史学研究会、青木書店、1996。

13　坂井秀弥「国府と郡家—地方官衙遺跡からみた実像」『列島の古代史　ひと・もの・こと3　社会集団と政治組織』岩波書店、2005。

14　佐藤祐樹ほか『富士市内遺跡発掘調査報告書—平成22・23年度—』富士市埋蔵文化財調査報告第54集、富士市教育委員会、2013。

15　佐藤祐樹・若林美希「沢東Ａ遺跡の成立と展開」『沢東Ａ遺跡　第1次』富士市埋蔵文化財調査報告第56集、富士市教育委員会、2014。

16　佐藤祐樹ほか『伝法 中原古墳群』富士市埋蔵文化財調査報告第59集、富士市教育委員会、2016。

17　佐藤祐樹ほか『伝法 東平第1号墳』富士市埋蔵文化財調査報告第64集、富士市教育委員会、2018。

18　佐藤祐樹「駿河・伊豆における古代の墨書土器と手工業」『静岡県と周辺地域の官衙出土文字資料と手工業生産』地域と考古学の会・浜松市博物館・静岡県考古学会シンポジウム、地域と考古学の会、2018。

19　佐藤祐樹「東駿河における古墳時代の土器様相」『向坂鋼二先生米寿記念論集—地域と考古学Ⅱ』向坂鋼二先生米寿記念論集刊行会、2021。

20　佐野五十三「駿河国富士郡における8世紀代の移住と集住」『静岡県考古学研究』No.40、静岡県考古学会、2008。

21　佐野五十三・藤村翔「総括」『東平遺跡　第15地区』富士市教育委員会、2010。

22　佐野五十三「古代官道と郡衙の求心性　—駿河国富士郡と駿河郡の事例検討—」『山梨県考古学協会誌』第20号、山梨県考古学協会、2011。

23　静岡県教育委員会編『静岡県の古代寺院・官衙遺跡』静岡県文化財調査報告書第57集、2003。

24　静岡県考古学会編『古代の役所と寺院　—郡衙とその周辺—』静岡県考古学会、2006。

25　柴田常恵「富士の遺跡」『富士の研究』Ⅳ　古今書院、1929。

26　志村博ほか『横沢古墳・中原1号墳　伝法遺跡群（伝法Ａ～Ｅ地区）　天間地区』富士市教育委員会、1982。

27　志村博ほか『富士市の埋蔵文化財（遺跡編）』富士市教育委員会、1986。

28　志村博ほか『沢東Ａ遺跡・第Ⅴ地区　第4次発掘調査報告書』富士市教育委員会、1997。

29　志村博ほか『東平遺跡発掘調査報告書』富士市教育委員会、2003。

30　鈴木敏中「伊豆・駿河東部」『静岡県の古代寺院・官衙遺跡』静岡県文化財調査報告書第57集、静岡県教育委員会、2003。

31　瀬川裕市郎・小池裕子「煮堅魚と堝形土器・覚え書き」『沼津市博物館紀要』14、沼津市歴史民俗資料館・沼津市明治史料館、1990。

32　高橋勇之「仏法の興盛と寺院」『静岡県史』第二巻、静岡県、1931。

33　武田寛生「地方寺院と郡衙　—郡衙との関係からみた古代寺院建立の一側面—」『古代の役所と寺院　—郡衙とその周辺—』静岡県考古学会、2006。

34 中井正幸・鈴木一有『東海の古墳風景』季刊考古学・別冊16、雄山閣、2008。

35 中野国雄「吉原周辺の原始時代の考察（予報）」『吉原地方史研究資料』(番号無)、吉原市教育委員会、1953。

36 中野国雄「吉原周辺の原始時代（第二報）」『吉原地方史研究資料』2号、吉原市教育委員会、1954。

37 中野国雄「富士市東平遺跡発掘調査概報」『東名高速道路（静岡県内工事）関係埋蔵文化財発掘調査報告書』日本道路公団、静岡県教育委員会、1968。

38 中野国雄「式内社と定額寺」『吉原市史』上巻、富士市、1972。

39 中野国雄・佐藤民雄「吉原発見の土師器と竪穴」『駿豆考古』第4号、駿豆考古学会、1960。

40 中村高平（橋本博校訂）『駿河志料』二、歴史図書社、1969。

41 仁藤敦史「駿河・伊豆の堅魚貢進」『東海道交通史の研究』清文堂出版、1996。

42 久松義昭『東平第1号墳発掘調査概報』富士市教育委員会、1990。

43 久松義昭『富士市埋蔵文化財発掘調査報告書―第2集―』富士市教育委員会、1991。

44 久松義昭『東平遺跡第3次調査』富士市埋蔵文化財発掘調査報告書―第3集―、富士市教育委員会、1992。

45 菱田哲郎「6・7世紀の手工業生産と地域の編成―地域開発と豪族の交通―」『富士市内遺跡発掘調査報告書―平成29年度―』富士市埋蔵文化財調査報告第66集、富士市教育委員会、2019。

46 平林将信ほか『東平』富士市教育委員会ほか、1982。

47 広瀬和雄「畿内の古代集落」『国立歴史民俗博物館研究報告』第22集、国立歴史民俗博物館、1989。

48 広瀬和雄「考古学からみた古代の村落」『岩波講座日本通史』第3巻　古代2、岩波書店、1994。

49 藤村翔「富士郡家関連遺跡群の成立と展開〜富士市東平遺跡とその周辺〜」『静岡県考古学研究』No.45、静岡県考古学会、2014。

50 藤村翔「中原4号墳の横穴式石室とその歴史的意義」『伝法 中原古墳群』富士市教育委員会、2016。

51 藤村翔「富士山・愛鷹山南麓の古墳群の形成と地域社会の展開」『境界の考古学』日本考古学協会2018年度静岡大会研究発表資料集、2018。（鈴木一有・田村隆太郎編『賤機山古墳と東国首長』季刊考古学・別冊30、雄山閣、2019所収）

52 藤村翔「古墳時代から平安時代の遺構・遺物と集落の性格」『宇東川遺跡F地区』富士市埋蔵文化財調査報告第71集、富士市教育委員会、2021。

53 藤村翔「駿河国富士郡域における土師器の変遷　―飛鳥時代から平安時代前半期を対象に―」『向坂鋼二先生米寿記念論集―地域と考古学Ⅱ』向坂鋼二先生米寿記念論集刊行会、2021。

54 松井一明「官衙の地域色と集落　―静岡県における郡衙と官衙関連遺跡―」『古代の役所と寺院　―郡衙とその周辺―』静岡県考古学会、2006。

55 丸杉俊一郎「小規模掘立柱建物の存在形態」『研究紀要』創刊号、静岡県埋蔵文化財センター、2012。

56 丸杉俊一郎「総括」『中桁・中ノ坪遺跡』静岡県埋蔵文化財センター調査報告第24集、静岡県埋蔵文化財センター、2013。

57 水野正好「群集墳の構造と性格」『古代史発掘6　古墳と国家の成り立ち』講談社、1975。

58 向坂鋼二「小野真一『駿遠豆における古代郡衙所在地について』批判」『地方史静岡』第5号、静岡県立中央図書館、1975。

59 若林美希『平成15・19年度　富士市内遺跡発掘調査報告書』富士市教育委員会、2009。

60 渡井英誉「まとめ」『東田遺跡』富士宮市文化財調査報告書第40集、富士宮市教育委員会、2009。

挿図出典

図1：　筆者作成。
図2：　文献16より筆者作成。
図3：　文献19・53より筆者作成。
図4：　文献53より筆者作成。
図5：　筆者作成。
図6：　筆者作成。
図7：　文献15・28より筆者作成。
図8・9：文献52より筆者作成。
図10・11：文献10より筆者作成。
図12：　筆者作成。
図13：　文献9・46より筆者作成。
図14：　文献8・46より筆者作成。
図15：　文献7より筆者作成。
図16：　文献8より筆者作成。
図17：　文献46より筆者作成。
図18：　筆者作成。

II 討　議

【司会】　それでは討論を始めてまいりたいと思います。

　まず、小田さんからお願いいたします。

【小田】　事務局の小田裕樹です。皆さん、本日はお疲れさまでした。例年であれば討論の司会を立てて、その方に討論を回していただくのですが、今回はこのようなオンラインとハイブリッドでの開催ですので、基本的には事務局の我々と、各報告者の皆さんとの間で討論を進めていきたいと思います。

　今回、「古代集落を考える１」ということで、まずは越えていくべき先行研究として広瀬和雄さんのモデルをたたき台として、各フィールドの調査成果、現在の研究成果を踏まえると広瀬モデルというものを、どのように位置づけることができるのかという課題を設定しました。

　ということで、道上さん、討論の最初としまして、広瀬モデルとは端的に言うとどのようなモデルなのか、どういう部分が今後、私たちが集落を考えていく上で大切なポイントなのかという点についてご説明いただけますでしょうか。

【道上】　道上祥武です。広瀬分類の特徴は、まず、建物群の分類を基礎とした集落分類だということです。その建物群の分類では、複数の建物のまとまりで表現される建物群から、倉ももたない単数の屋まで建物群として分類しています。これは、建物群をすべからく分類しようという広瀬氏の意図だとみられます（16頁図2・18頁図4）。逆に、どんな集落や建物群もやろうと思えばあてはめられる、ある種都合のいい分類という側面もあります。

　また、これらの建物群は、多くが区画施設をもたず、そのまとまりは明確に示されていません。広瀬氏が論文の中で取り上げている事例にもとづくと、直径40〜60mぐらいのまとまりと考えられます。今回、私も畿内の古代集落を幾つか取り上げましたが、広瀬氏の挙げた事例と大差ありませんでした。ただし、複数の建物群に区分しづらい集落も多くありました。これらの建物群に倉、建物形式、平面積といった要素を加えて、格差とか階層関係を見出し、集落の内部構造を説明するというのが広瀬分類です。やはり、建物群をどうやって考えていくのか、その認定が集落分類のミソになってくると思います。

【小田】　ありがとうございます。

　広瀬モデルでは、まずは検出された遺構があって、それを建物群として把握をする。次に、その建物群の内部で格差があるかどうかや倉があるかどうかを検討する。そして、その建物群が複数あった場合には、それらの建物群の間に階層差があるかどうかを検討し、それらをまとめて１つの集落と認識する、という手続きを踏んでいるということです。

　これで、建物群が集落の構造を考える上でミソになるということがわかったのですが、ではご報告された皆さんにお聞きします。この建物群の認定方法について、区画で明示されていれば、これが１つの建物群であるとわかると思うのですが、今回皆さん、ご報告で検討されるにあたって、検出した遺構から建物群をどのように認定されたのでしょうか。この点について、教えていただいてよろしいでしょうか。

【道上】　建物群の認定について、下ツ道JCT三ノ坪地区では、オーソドックスなやり方ではありますが、まず建物方位によるグルーピングをおこないました（33頁図20・34頁図21）。ここの調査区では、周辺の溝が機能していた時期のやや方位を振る建物から、溝が埋没し、整地がおこなわれた段階の比較的正方位に近い建物へ、という先後関係が前提として考えられました。そこで、方位が振れる建物と正方位に近い建物で大きく2時期に分けて、その上で建物の分布を見ていったところ、ある程度の建物の集合が見出せたのでそれをまとめていきました。もう1つ、分布をまとめていく上で参考にしたのが井戸でした。その結果、8世紀後半の井戸は8世紀後半の建物群と、9世紀後半の井戸は9世紀後半の建物群と分布が一致していきました。

【小田】　方位でまずグルーピングをして、その分布の中からまとまりを見つけていく。もう1つは井戸が根拠になるということです。

　清水さん、お願いします。

【清水】　長期間集落が営まれていたという特徴から、大体200年単位で重なり具合を見ながら集落の中を見ていったのが島名熊の山遺跡になります。4世紀、5世紀については割と小さなまとまりで、古墳時代の後半、6世紀、7世紀については大型建物の周りに中小の竪穴建物がともなうという形は見えてきたのかなと思いますが、古墳時代に関しては、明確に群をとらえるというのは難しかったと感じています。ただ奈良時代、平安時代の8世紀、9世紀については、その集落の中にある程度区画が出てきていましたの

で、おおよその区画、もしくはその区画に類似した方形の敷地のようなものを想定して見ていくことができたと思っています。ただ、その区画がなくなっていく10世紀、11世紀については、地形に即して分布するような移り変わりがあると理解しております。

【小田】　古墳時代も含めて、区画と建物群のまとまりをまとめていくのは難しいけれども、奈良時代などには方形の区画溝があって、それを単位として、大体四角く割り振っていくと、うまくこの分布をとらえられそうだということで、その1単位ずつを建物群と認定できるのではないかということかと思います。

　続きまして、京都府。ご発表は名村さんでしたけれども、共同でご報告いただいています桐井さんからお願いいたします。

【桐井】　京都の桐井理揮です。

　今回の京都府の分析の場合は、掘立柱建物を調査された方、皆さん思ってらっしゃると思いますが、重複関係が著しい場合は建物群というのは非常に認識しづらいです。道上さんは方位、そして遺物、あるいは立地からグルーピングされたわけですが、そういう方法も取りつつ、こちらでは北金岐遺跡あるいは犬飼遺跡というような短期間しか継続しない、一時期しかない集落というのが明確に見えました。こういった短期間しか継続しない集落を仮に1単位というふうに、作業仮説としてみなした前提の下、ほかの建物もグルーピングしていったという経緯があります。ですので、こういった小規模な遺跡という認識が前提にありました。

　あとの方法としては道上さんと一緒で、方位あるいは建物の近接度合いとか、そういったところが肝になってくるかと思います。

【小田】　短期間の北金岐遺跡とか犬飼遺跡で見つけた建物群が、1つのユニットであると。それがほかの遺跡、重複している複数の建物があるところを見たときには、ユニットが何個かに構成されているということだったかと思います。ここでもう少しお聞きしたいのですが、1ユニットという概念について、ユニットと建物群との関係について教えていただきたいと思います。名村さんのご報告だと例えば88頁図3の太田遺跡では、9棟ぐらいが1つの建物群であるけれども、これをよく見ると2つぐらいのユニットがあるのではないかとおっしゃっていたと思います。これは、我々が遺構図や現場の検出遺構としてまとめられる

建物群の中に、短期間存続の集落でみつかる、ここでいうユニットが複数あり得るという理解でよろしいのでしょうか。

【名村】　そうですね。そういうふうに実際の分析の中では見ていまして、一番初めに北金岐遺跡や犬飼遺跡といった短期間の集落に注目して抽出できた1ユニットという認識[1]を念頭に置きながら他の遺跡を見ると、太田遺跡の場合などでも特に建物群として分けようと思えば分け得るのでしょうが、どこで境目を引くかが恣意的になってくるので、これを1つの建物群として認識できるのではないかと考えました。そうするとこの中にユニットが2つほどは含まれているように見えるな、と認識していったところです。

【小田】　ありがとうございます。

　後ほど建物群とは何かという話になるかと思うので、そのユニットと建物群との関係についてお聞きしたいなと思いました。

　それでは藤村さん、お願いいたします。

【藤村】　私の分析では、特に117頁図7とか124頁図13で建物群を示しております。古墳時代の沢東A遺跡の集落ですと、比較的大型の建物を中心にまとまりが見られ、大型の竪穴建物の周りに小さい建物が配置されるという関係性が見やすいと考えられましたので、建物の大小というのも建物群認定の基準になる場合もあるかなと思いました。

　もう1点、これが合っているかどうかは私自身不安なところがあるのですが、黒井峯遺跡のような残存状況のよい集落を見ますと、住居と住居をつなぐような集落内の道というものがあるはずで、それをどういった形で復元していくかというのが課題でした。ちょっと空中戦のような部分もあるとは思うのですが、今回は仮に、カマドの場所から風通しとかそういったことを考えて、カマドの反対側のほうに進入路があるのではないかということで復元しました。これがもっと検証を重ねて、妥当性のある進入口がわかってくれば、群集墳分析でいうような石室と石室の墓道によってグルーピングしていく方法を援用できるのではないかという淡い期待ももちながら、今回は建物の進入口に注目してグルーピングを試みました。

【小田】　建物群の大小とともに新しい視点としてカマドから考えて、建物の入り口はこっちだから、ちゃんと検出はできないけれども、各建物群をつなぐような道があるだろうと想定して、それぞれグルーピングし

ていく方法をお話しいただきました。

　この建物群というまとまりが集落の構造をとらえる上で肝になるところで、これからもいかに客観的にこの建物群を認定していくのかが大切だと思いますけれども、これは引き続き方法を錬磨していきましょう、というところでここはまとめたいと思います。

　では、まず建物群を認定しましたということで、次にこの建物群とはどういうものかという話に進みたいと思います。まず建物群の、例えば規模、専有面積であるとか構成建物数について、基礎単位としての建物群というのは大体どのぐらいの規模なのでしょうか。畿内だと広瀬和雄さんは半径20～30mとおっしゃったとのことですが、それに関して道上さん。

【道上】　今回検討した事例と広瀬さんの挙げた事例に大きな差はありませんでした。ただ、かなり広い面積をもつ建物群もあり得るという状況だと思います。

【小田】　では、ほかの方々はどうでしょう。

　清水さんの場合は、群としてまとめるのは難しいとのことでしたが、方形区画の話ですかね。

【清水】　区画としては70メートル四方ということで、1町の3分の2ぐらいの区画があるというふうに見えてきているのかなと思います。その内部については、8世紀、9世紀の話になりますけれども、倉をもつ建物、大型の建物をともなうものなどがその区画の中に入っているのが特徴かと思います。一方で、その区画から外れたところというか、図では外してしまっていますが、竪穴建物が中心のエリアというのも島名熊の山遺跡の中にはあります。そちらについてはちょっと時期ごとに詳しく分析ができていないのですが、明確にグループとして分けられるような傾向は見受けられなかったと思います。

【小田】　京都のほうはいかがですか。

【桐井】　明確にしがたいところはありますが、道上さんの意見とそれほど変わらないと思っています。大規模集落というのをそれほど分析していませんので根拠はあまりないです。その建物の間の空閑地などを見ると、そのぐらいの規模とみて問題ないのかなと思います。

【小田】　藤村さん、いかがでしょうか。

【藤村】　私のほうも東平遺跡などの調査例からいきますと、大体重複も考えて3、4棟の建物でまとまってくることが多いかなと考えています。その範囲といえば、大体20m前後になってくるのかなという見通

しをもっておりますので、道上さんや桐井さんのお話と共通するかなという印象です。

【小田】　ありがとうございます。広瀬さんが見出された建物群としてのまとまりと大体同じような大きさで、我々もその建物群の範囲を追認できるということだと思います。

　それでは、この建物群の中身について話を進めていきたいと思います。まず初めに広瀬さんの場合は建物のうち総柱、倉と屋というのが重要な指標だったかと思います。ただ、我々が見ている集落では竪穴建物や畿内だと掘立柱建物が出てきますが、これは何の建物なのでしょうか。例えば掘立柱建物の場合、総柱であれば何となく倉かなと思うのですが、それ以外の側柱建物というのはどういう性格の建物と考えたらいいのでしょうか。

【道上】　畿内では古代以降、掘立柱建物に居住するようになっていくと言われていますので、掘立柱建物の性格をどう考えるかという話になります。一般的に、例えば平面が正方形の総柱建物が出てきたら倉かなと思われることが多いかと思います。宇陀市の石榴垣内遺跡の例（24～26頁図9～11）を挙げますと、例外的に倉として認定したものとして、10～15㎡くらいの比較的小型の正方形の側柱建物が1ヵ所にまとまっていて、他の幾つかの建物群とはちょっと分かれた場所に立地するなど、そういう現象をとらえまして、これが倉としての機能を果たした建物ではないかと指摘しました。

　1989年の広瀬氏の論文でいえば、掘立柱建物の認識の定義を幾つか紹介されていますが、例えば倉として必ずしも総柱建物を条件に挙げているわけではないと解釈しましたので、私は今回の自分の分析にもとづいて、この正方形の側柱建物を倉庫と認定した経緯があります。したがって、その建物群内、あるいは集落内の中でのあり方、柱間であるとかそういうものを見て、その上で判断して認定するということになります。

【小田】　となると、掘立柱建物の中で、総柱ではなくて側柱建物だけど、この建物すべてに人が住んでいるわけではなくて、倉というか屋というか、収納機能をもつ建物として使われたこともあり得るというお考えですね。

【道上】　あり得ると考えています。

【小田】　ということは、広瀬さんの場合には、掘立柱

建物について、竪穴建物もそうだと思いますが、割と1棟に1世帯が住んでいるというふうに見ていましたけれども、実はそこは各建物の機能、住居なのか倉なのかということを考えた上で、次の議論に進まないといけないということでしょうか。

【道上】　そうですね。おっしゃるとおりだと思います。

【小田】　掘立柱建物の中で、例えば倉か屋か、居住のための建物なのかはどうすればわかるのかについて、何かアイデアはありますか。

【桐井】　調査をしているときからずっと思っているのですが、中世あるいは10世紀ぐらいになると床束なんかが出てまいりますので、床束が出てきた場合は若干上げ床をしているような居住用の建物かなとは思います。

【小田】　その辺り、建築史がご専門の箱崎部長、掘立柱建物で倉か居住用の住居かというのを、何か分けたりする指標とかはありますか。

【箱崎】　都城発掘調査部長の箱崎和久です。総柱になるのであれば、建築形態的には高床倉庫という形になると思います。大ざっぱに倉といっても納めるものによって多分違うと思います。高床にするというのは食料を納めるというふうに考えるのではないかと思います。けれども、床を張った、いわゆる屋というような建物の場合、それを倉として使うことができないかといえば、それも扉とか窓とか、そういったものを造らずに密閉性の高い建物を造って、倉庫として利用するということはできると思います。これは中に何を納めるのかというようなところと非常に関係してくるのではないかと思います。

　今、桐井さんがおっしゃられたような床束のある上げ床、高床ほど床を上げずに、縁の下がある程度のイメージの、我々が住宅として今住んでいるぐらいにちょっと上がった床のところを倉として使っていくということもあり得ると思うので、単純に発掘遺構からだけで、これは倉ですね、これは住宅ですねと明確にいうことは難しいです。住宅の場合、中からそういった生活用の遺物が出てくるとか、火を焚いた痕跡があるとか、そういったことがわかればいいですけれども、通常、掘立柱建物の場合はそういうところがわかりませんので、なかなか難しいのではないかなと思います。掘立柱建物は地表面が削平されていて、なかなかその機能を特定できないというところが特徴でもありますから、機能の推定を難しくしているので

はないかと思います。

【馬場】　事務局の馬場基です。ちょっと質問ですけど、側柱建物に見せて、例えば貫とか長押でもってかなり高いところに床を張るということは、構造上は難しいですか。やっぱり総柱にしてしまいますか。

【箱崎】　できないことはないと思いますが、それはどれぐらいの建築技術をもっているかという部分と非常に関わっています。掘立柱構造にすること自体が基本的には建築技術がそう高くはないと理解したほうがいいと思うので、おそらく村、その辺りに住んでいる方々で、そういった建築技術に少し秀でた人たちが主導して、村人たちを使って造っていくというような場合、長押を使ったり貫を使ったり、多分掘立柱構造に貫は使わないと思いますけど、それで高い床を造っていくということは、なかなか想像しにくいのではないかと思います。それであれば、もう総柱で床の真ん中のところをしっかり支えていくという構造を造るほうが、そういった建築技術の中では造りやすい構造ではないかと思います。

【馬場】　中身ということでいうと、たしか平安時代の藤原頼長が造った書庫というのが、高床でしたよね（太田静六「文倉と防火対策」『日本建築学会論文報告集』第63号、1959）。高い床を張るということは、湿気から守るということになるので、さっき箱崎部長がおっしゃったように、米というのがもっとも象徴的ですけれども、例えば大事だと思ったらそこに納めるというようなことになる、極端に言えば高い床を張ってまで納めたいものを納めるという強い意志の表れというようなことでしょうか。

【箱崎】　そういうことなのでしょうね。今、米と言ったのは生活に密着しているような中でいうと、食料という形になるかなと。すべての集落の人がたくさん本を納めるほどの書籍があったとは思えないので、一番身近な例としては、やっぱり食料かなというので発言したところです。ですから、大事なものを湿気から守るとか、危険性から守るという点でいうと、床は高く張っておくほうが、いろいろな面で安全ではないかと思います。

【小田】　ありがとうございました。掘立柱建物の性格として、居住のためかどうか、倉か、物を収納するための建物かというのは、なかなか難しいということがわかりました。

　ただ、例えば床束のように側柱建物といいながら

も、柱穴に囲まれた建物の内部についてはきっちり検出をかけようという、現場レベルでは注意しないといけない事だなと思いました。逆に総柱で高床にする意味というのも浮き彫りになったのではないかと思います。

一点質問なのですが、竪穴建物の倉というのはわかるのでしょうか。清水さんか藤村さんか、竪穴建物に関してはどうでしょう。今回、掘立柱建物の中で総柱はあまりなかったかと思いますが、竪穴建物として建物群を抽出された中で、何か倉的というか、ほかの居住用とはちょっと違う竪穴建物みたいな事例はありますか。

【清水】　これは古墳時代の例になってしまいますが、カマドがない方形掘方の竪穴遺構という事例がありますので、そういったものは掘立柱建物がない時代の倉庫というようには考えられるかなと思います。あとは、竪穴建物がかなり大型化している時期でも、一辺２、３ｍという小ぶりな竪穴建物もあったりしますので、そういったものは使えるのかな、なんていうふうに現場サイドでは考えたりすることもありました。

【小田】　ありがとうございます。竪穴建物でもちょっと小さくて、しかもカマドがないとなると、別の使い方を考えたくなるので、やはり竪穴建物にしてもすべてが居住用というわけでもなくて、その中身を見て性格、機能を考えていかないといけないのかなと思いました。

今は倉の話が出ておりますので、倉のあり方について少しお聞きします。広瀬さんの分類では、倉があるかないかということがポイントになっていたと思うのですが、どうなのでしょう。皆さん建物群を抽出されましたけれども、その建物群に倉が付随する、しないというふうに広瀬さんはそこで１つ大きな類型を分けておられるわけですが、皆さんの検討ではいかがでしたか。検討成果から見ると、倉をもつ建物群、もたない建物群、共有の倉庫の有無とか、そういう話もあったかと思いますが、その辺りの倉のあり方について、皆さんのご意見を頂きたいと思います。

【道上】　先ほどの石榴垣内遺跡の例で言えば、建物群に必ずしも付随しない、小型の倉と思われる建物がまとまる区画があって、それは特定の建物群に付随するというよりも集落全体で共有される倉庫群として捉えられるのではないか、という指摘をいたしました。ほかの例でいえば、古墳時代の遺構なので必ず

しも古代とは一致しないですが、例えば下田東遺跡で見たような３×３間の建物（29頁図14）が区画の中にある。これを１つの建物群に付随すると見るのか、集落の中の倉庫と見るのか。しかし、３×３間の大型倉庫が１つの建物群に付随するというのは少し違和感が残ります。広瀬モデルでは共有の倉庫というのは、必ずしも想定されていないのですが、そういう倉庫があってもいいのではないかと思いました。

【小田】　清水さん、いかがでしょうか。

【清水】　熊の山遺跡では、中央部の方形区画の北側に１つ掘立柱の建物群というのがあるのですが（67頁図14）、そこの中心的な施設というのが３×３間の総柱の建物（ＳＢ35）で、その周りには竪穴建物は意外と少ないという状況があります。そこについては郷なり、そういった単位での共有の倉という考え方ができるのではないかと考えています。そのほかの掘立柱の建物群という見方をした場合には、大型の竪穴建物などとセットになる事例が多いので、そういったところは建物群とセットの倉庫ととらえていいのかなと考えています。

【小田】　京都はいかがでしょうか。

【桐井】　北金岐遺跡（95頁図12）を見ていただきますと、建物群という考え方でいうと、中央の溝を境に北群と南群に分けられるという考え方もできると思います。その場合、北側の３棟には倉庫が付随しないということになるのですが、今回この建物を全部含めて１つの単位ではないかというような考え方をしました。ですので、基本的には倉庫がともなうのが一般的な形ではないかなと考えております。ただ、太田遺跡の例（88頁図3）を見ていただくと、ここは真ん中には倉庫がないのですが、調査区外のところが結構多く残されておりまして、その辺りをどう見積もるかということになってしまいます。基本的には倉庫というのは付随するのではないかというように考えております。

【小田】　名村さん、どうぞ。

【名村】　97頁図16の時塚遺跡ですけれども、８世紀後半の例ですが、これはＬ６、Ｌ５、Ｌ４という地区を全部まとめて１つの建物群というふうに考えています。これはユニットという考え方を念頭に置いて分けたのですが、Ｌ４地区に総柱建物がちょっと集まってみえます。これが倉庫だけの建物群という認識もできるかもしれませんが、井戸との関係とか、あるいは側柱建物と総柱建物が２、３棟ごとにセットになると

いうところを見ると、やはり建物群としてはＬ６、Ｌ５、Ｌ４をあわせて建物群として、その建物群の倉庫地帯としてＬ４地区が存在していると私は見ています。やはり総柱の倉というのは基本的に建物群の中にあるのではないかと私は思っています。

【小田】　藤村さん、お願いします。

【藤村】　富士郡の例でいきますと、東平遺跡の８世紀前葉という時期には、比較的建物群の中に倉的な掘立柱建物を認め得ることが多いです。では、それ以外の時期に必ず掘立柱がともなうか、あるいは倉と確実に認定できるものがともなうかというと、意外とほかの時期は、竪穴建物だけでも建物群になってしまうのかなという印象をもっております。したがって、建物群の認定に倉が絶対に必須というわけではないのかなとも考えています。

　７世紀の沢東Ａ遺跡の例で、117頁図７中段右側の７世紀中葉～後葉のところで、掘立柱建物が東側に固まるような事例があり、建物群の中から独立するような掘立柱建物があるので、共有の倉庫ではないかということも示しましたけれども、いかんせん調査区の際ですので、まだまだ検討が必要なのかなとも思っております。

【小田】　ありがとうございました。

　倉について皆さんにお聞きしましたけれども、建物群の中に倉がセットとして付属しているということもありますし、倉だけの建物群というのも見られるということでした。建物群の分類に必須ではないかもしれないけれど、やはり総柱建物や倉の有無というのは集落を考える大切な要素であることがわかってきました。倉のあり方というのは、今後の集落シリーズの中で倉特集を組まないといけないのかなという気がしてきました。これは今後の課題として抽出しておきたいと思います。

　もう１つ、建物群のことについてです。それぞれの建物群の中で、大型の建物というのがポイントに挙がっていたかと思います。大型の建物を中心として建物群を把握していく方法として、大型建物が１棟あって、それに付随する建物があるとか、また時期が下ってくると大型の建物が少なくなるという話だったかと思います。その辺りについて道上さんからお話を頂けますでしょうか。

【道上】　石榴垣内遺跡では、建物群をどこで分けるか困ったという話をしましたが、比較的大きい建物が集落全体の中でどう分布するのかが鍵になるのではないかと思って分析しました。その結果、例えば石榴垣内遺跡の２－Ｂ期で言えばＳＢ64、２－Ｄ期で言えばＳＢ40とＳＢ57のように、大きい建物を中心に小さい建物が１棟ないしは２棟付属する、そういうまとまりが言えるのではないかと考えました（26頁図11）。これは３期でも言えるかと思います。ただ、２－Ｃ期では大きい建物が２つ並んでいるので、どうしようかなとなるのですが。全部に通用するというわけではないですけれど、１つの指標にはなると思います。先ほど建物群の分類を考える上で、桐井さんも大型建物が主になるとおっしゃっていたので、それにも通じると思います。

【小田】　ということは、奈良の石榴垣内遺跡の事例でもそうですし、桐井さんのユニットのお話もそうですけれども、大型建物があって、それに中小の建物が付随するあり方というのが１つ見出せるのでしょうか。藤村さん、こういう単位というのは、実は古墳時代的なあり方とおっしゃっていたのではないかなと僕は聞いていたのですが、それとはちょっと違いますか。

【藤村】　そうですね、この掘立柱建物の大小で構成される建物群のあり方を、そのまま富士郡の竪穴建物の大小のあり方と同じ俎上で検討していいのかという問題はあるかと思います。ただ、あくまで私どもの富士郡の事例でいくと、竪穴建物の規模が大きいものから小さいものまでいろいろあった状況というのが古墳時代だというふうに考えれば、それがある程度小さいものにまとまっていくというのが奈良時代、平安時代のあり方というのは間違いないですので、それをどう考えていくかと。大きな建物と中くらいの建物、小さい建物の中に階層差があるのか、それともただ居住する人数の違いなのか、または世帯の大きさとか、そういった話にも発展するかと思いますが、その辺りの認定についても、研究者の中で共有できるものがまちまちになるのかなという印象をもっています。

【小田】　清水さんは大型の建物に関してはどうですか。島名熊の山遺跡では、７世紀後半に大きな掘立柱建物が出てきていたかと思います（64頁図11）。たしかご発表のときにはこれについては今後の検討課題とおっしゃっていたかと思うのですが、これは島名熊の山遺跡の変遷の中でかなり異質ですよね。一番中央のところに三面廂建物があったり、掘立柱建物がこの時期だけ出てきたりと。今のところ、この建物の

性格について何かお考えはありますでしょうか。

【清水】　この時期に出てくる建物については、奈良時代以降と同じように考えるというのはちょっと難しいかなと。7世紀の後半ということで、基本的には豪族の居宅じゃないかとは、漠然と思っていたりはするのですが、あまりにもほかの建物とは違いすぎるので、ちょっと今、明確な答えはもっていません。

【小田】　64頁図11を見ますと、掘立柱建物の周りに、白抜きですから大型ではない竪穴建物があると思うのですが、これは大型の掘立柱建物3棟で構成されているというわけではなくて、その周りに小型の竪穴建物も付属しているということでよろしいでしょうか。

【清水】　3棟の建物の北側にも2×2間の総柱建物が並んでいますので、建物群としては幾つかの建物で構成されているのだろうと思います。それ以降の掘立柱の大型建物については、廂が付くものはこの中では掘立柱建物を居住施設として使っていて邸宅のようなものだろうと考えています。

【小田】　今、建物群の内容ということで議論してきましたけれども、倉の話と、大型の建物があるという話は、広瀬和雄さんのモデルの中ではⅡ型、Ⅲ型になります。いわゆるガチの集落というか、一般的な集落の話だと思うのですが、もう1つ広瀬モデルを考える上ではⅠ型といって、首長居館についての話があったかと思います。これについても少し、皆さんに聞いておきましょうか。道上さん、Ⅰ型の説明をお願いできますでしょうか。

【道上】　広瀬分類の16頁図2と17頁図3をご覧ください。

　古墳時代的なⅠA型の居館から古代的なⅠB型の居館へと8世紀初頭を画期に移行する、官衙的建物配置をもつⅠB期居宅の成立が、官人首長の出現を反映する、というのが広瀬氏の主張です。ただ、まず疑問として思ったのは、全部の首長居宅がそうなのかということ、首長居宅といってもいろいろあるのではないか、ということです。

　例えば、遺構図バージョンの17頁図3でⅠB類として挙げられている池田寺遺跡11B期、この一番中央の施設202という建物は9世紀の建物ですけれども、単純な平面積は176㎡で、かなり大きいです。報告の中でいろんな建物を挙げましたが、山城の久世郡衙と想定されている正道官衙遺跡の中心の四面

廂建物が160㎡なので、それよりも大きい建物です。時期が違うので一概には比較できませんが、実は池田寺遺跡のこういう顕著な例というのは、首長層の中でもかなり上位なのではないかと思っています。ほかの地域を見たときに、例えば首長居宅の中で、こういう官衙風建物配置をとるような動きが見られるのか、あるいはそういう首長層内の階層分化みたいなものが居宅から読み取れないのか、そういうところを皆さんにお聞きしたいと思います。

【小田】　ありがとうございます。では清水さん、先ほどの掘立柱建物になるかと思いますけれど。

【清水】　先ほどの7世紀後半に出てくる3棟の掘立柱建物は、70㎡あるいは80㎡という床面積で、かなり規模が大きい建物ですが、これを除きますと、大きくても大体60㎡程度という大きさなので、有力者層、首長という想定をするならば、島名熊の山遺跡についてはそんなに大きくなくて、せいぜい郷長クラス程度を想定すべきなのかなと考えています。

　あと、これは茨城の『常陸国風土記』の話になってくるのですが、河内郡というのは筑波郡から切り離されて、新しく分けられた郡になります。そういうことに関わった中央氏族がその時期限定で、こういうところを拠点的に使ったというような可能性を考えれば、集落とは別のルートで入ってきた有力者という考え方も可能かなと思います。ただ、いかんせん『常陸国風土記』ではこの河内郡が記述から抜けているので、もう少し検討が必要だと考えている建物です。

【小田】　京都はいかがでしょうか。

【名村】　このⅠB型というのは、97頁図16の時塚遺跡を念頭に置かれていると思うのですが、この時塚遺跡は区画施設として確かに溝はあるのですが、開放的という感じはあります。ⅠB型的ですけれども、しっかりとした官衙風配置というわけではないです。これがその地域の有力者層でも上位の人の居館と見ることができるのではないかと思います。ただ、実はこの建物を平面規模だけで見ると、区画施設の内側、外側で側柱建物のサイズの差というのはありません。区画施設の中だから大きい建物が集まるというわけではないです。8世紀後半の盆地全体で見ると、時塚遺跡の一番大きい建物が46㎡から50㎡の間に収まる側柱建物ですけれども、このサイズの建物というのは太田遺跡や河原尻遺跡でも見つかっておりまして、時塚遺跡は確かに区画施設もあって、規模も大きく

見えますが、意外と突出して大きいわけではないというイメージです。

【小田】　藤村さん、お願いします。

【藤村】　富士郡の事例でいきますと、127頁図16に首長居館の可能性がある建物を挙げております。ＳＢ01としているものが、127.4㎡ある片廂の非常に長大な掘立柱建物です。周辺に同時期の竪穴建物が幾つか、しかも軸をそろえないのも奇妙ではあるのですが、この建物を一応候補として挙げておきたいと思います。発表でも申しましたけれど、ここは東平遺跡の中でも伝統的な地区になってきますので、そういったところからして首長居館の可能性もあるのではないかと考えた次第でございます。

　区画があるかないかというのが、広瀬和雄先生の重要な視点だと思うのですが、東平遺跡の例からいくと、調査区が限られていることにも起因するかもしれないですけど、現状では区画があったかどうかはよくわかりません。

【小田】　首長居館につきましては、まだ調査区の外に何が展開するかわかっていないこともあるかと思いますが、広瀬モデルの中でばしっと出されているような建物群がまだ見えなくて、もしかすると首長居館の存在形態というのはもう少しバリエーションがあるのかなという気がしてきました。これもまた、首長居館とは何かという形で、今後の集落シリーズの中でやっていくかもしれませんので、今後の課題としておきたいと思います。

　これで広瀬モデルについては大体検討してきたわけですけれど、馬場さんどうぞ。

【馬場】　逆に言うと、今首長居館が出てこないのは、集落を狙って皆さんにご報告いただいたわけですからむしろ当たり前で、ここで出てきちゃったら我々のチョイスがミスということだと思います。ないほうが当たり前で、我々のチョイスは間違っていなかったということじゃないかと思います。

　それで、先ほどのご発表では藤村さんから、建物群に住んでいる人についてかなり大胆なというか、思い切ったご提言を、しかもすごく言いにくそうに素早く頂いたのですが、もう一度確認させていただいてよろしいでしょうか。

【藤村】　ちょっと思考実験みたいな形で提示させていただいたのですが、当時の集落の最小単位と考えられる建物群は、建物が3、4棟前後になることが予

想されるだろうと。この時期の竪穴建物の中は、小規模化していきますので住人はせいぜい5人ぐらいが最大かなと。広瀬先生の場合は、多分一建物7人ぐらいで計算をされていたと思うんですけど、5人ぐらいがいいかなと思って、これは5人にしました。そうすると5掛ける3、4棟なので、15人から20人ぐらいが建物群に住んでいる人たちの数になってくるのかなということで示しました。

　ここからは完全に空中戦の議論になってしまいますが、一般的な戸籍に示されているような、美濃国戸籍などの研究を参照すると、一戸が平均20人前後になるというご研究もあるそうですので（今津勝紀『戸籍が語る古代の家族』歴史文化ライブラリー488、吉川弘文館、2019）、そういったものと関連してくる可能性を視野に入れながらやっていったほうがいいのかなという問題意識を持っておりました。

【馬場】　戸籍の研究は、戸は実態を示すかどうかというところから始まって、文字屋さんの間では非常に難しいところであります。五十戸というのが1つの郷になりますから、逆に言うと50建物群があれば一郷になるということなのかというような議論も出てくるところですが、言わば村に住んでいる人とか、居住形態ということで、どうでしょう、古代の村のことをよく知っている三舟先生が会場におられますので、ちょっとご意見頂ければと思います。

【三舟】　東京医療保健大学の三舟隆之です。今、馬場さんがおっしゃったように、古代史では戸籍については実態説と法的擬制説という2つで分かれています。考古学ではやはり実態説から考えるということで、先ほど藤村さんがおっしゃったように、1つの住居を5人と見るか7人と見るかで復元していって、それに合うような戸籍を探すのですが、戸籍のほうも美濃国の戸籍から九州の戸籍まで全然違いますので、一概にすぐ飛びつくのは、まだまだ難しいかなと思います。そうすると、今日出てきた事例では、清水さんのような、かなり広い面積を調査されたところから同時代の住居を幾つか分類していって、それで戸として成り立つかという検討を今後進めていただければ、我々戸籍とか村を文献のほうから研究している者としても役に立つのではないかと思います。

　それから、ついでに言いますと、名村さんと桐井さんがご報告された丹波国の桑田郡ですか。私は一応、専門が仏教史、寺院史でございますので、あそこは

桑田廃寺とか池尻廃寺とか與野廃寺とか、やはり村の段階で幾つか、例えば千代川遺跡とかそういうのと寺院が結びつくのか、というのも気になります。今まで我々は寺院と郡衙との関係ばかり見ていましたけれど、7世紀の後半とか8世紀の頭に突如集落が出現するという、それが寺院と結びつくかどうかというのが気になります。戸籍にしてもそういった寺院にしても、やはり7世紀後半から8世紀の集落を見ていくのは、我々文献のほうからするととても楽しみです。馬場さん、よろしいでしょうか。

【馬場】　楽しいお話をありがとうございました。

　戸籍については実態説と擬制説とがあるのですが、多分両方混ざっています。まだ未公表論文ですが、私の学生がかつて書いた論文で、美濃の戸籍の親族分析をした研究があるのですが、実は結構実態が入っているというようなことが見えるとか、いろいろとあると思います。でも、どのさじ加減で見るか。例えば九州のほうの戸籍では結構首長層が多いです。その結果、実は見えている世界が違うのではないかとか、いろいろとあります。ですから皆さんに遺跡から地道にデータをためていただくというのが大変大事なのと、あと京都の事例でご指摘がありましたが、突然集落が出てくるときに、実は裏に大きな寺院とかいろんな力が見えることがあるので、なるほど、それも大事だなと思います。また、例えばユニットということで検討されましたが、ユニットというのがもし藤村さんのイメージで戸に該当する、1つの親族集団として意味のある集団であったとしたら、じゃあユニットという集団は何だろうということになってまいります。逆に言うと、戸で意味のある親族集団、血縁集団だとすると、そこにある倉にはレガリアが入っていてもいいわけですし、祭祀的なものが入っていてもいいし、米が入っていてもいい。そういう意味で、倉をもつ戸の集団、もたない戸の集団の違いについてなど、藤村さんのご提案というのは実はかなりクリティカルな課題を私たちに提起しているのではないかと考えます。

　話が少しそれましたが、やはり誰が住んでいるのかというのは倉に何が入っているのかとあわせて、例えば出土遺物の定量的な評価とかを含めてご検討いただきたいなと思っております。

【小田】　ありがとうございます。

　それでは、また議論を進めていきたいと思いますが、今回皆さんが集落遺跡を検討された中で、私た

ちが今あきらかにしたいのは、一般的な集落とは何か、普通の集落とは何かということですけれども、一方で官衙的な集落という話もあったかと思います。道上さん、官衙的という言葉について、道上さんも奈良の中で、これは官衙的な遺構じゃないかとおっしゃっていましたけれど、それはこの集落を見たときにどういう辺りが官衙的、官衙風にご覧になったのでしょうか。

【道上】　今回、集落をテーマにして古代集落の実態を知りたいということで、できるだけ集落の変遷がわかる事例を取り上げたのですが、集落の変遷が長くわかるということは、長く継続している集落を取り上げることになりますので、結果的に地域の中心的な集落を選りすぐってしまうことになりました。ただ、その一方で、例えば宇陀の石榴垣内遺跡、香芝の下田東遺跡はどちらも古墳時代から継続して営まれる集落です。それが7世紀、8世紀まで続いて、8世紀の中葉とか奈良時代のどこかで、遺物などから官衙的様相をにおわせてくる、そういった変遷を遂げるというのが見えてきました。

　じゃあ、遺構を見たときに官衙的と言えるかというと、確かに建物の規模がちょっと大きくなるとか、柱穴が大きくなるという話はありましたが、例えば官衙的配置をとるとか、官衙にあるような立派な倉庫群が営まれるだとか、あきらかに性格が変わるような、そういう様相は見られませんでした。そこに若干のギャップがあり、官衙的という様相は少なくとも今回畿内で取り上げた集落の遺構からは認められなかったと思います。

【小田】　遺物としては官衙的なものが出てくるけれども、遺構としてはなかなか抽出できないというお話だったかと思います。

　ここで、関連するような質問をメールで頂いておりますので、ご紹介いたします。まず1つ目、つがる市教育委員会の堀内和宏さんから頂いた質問です。「掘立柱建物の格付けに関連しまして、柱穴の規模や形状、柱間寸法などは建物の性格というか、そういう格付けに影響しないのでしょうか」との質問です。これは藤村さんが柱穴の図面を示されて、建物の規模と柱穴の掘方の形状との関係でご発表されていたかと思います。もう一度簡単にご説明いただけますでしょうか。

【藤村】　125頁図14・126頁図15で掘立柱建物の平

面図を載せております。話題になっております官衙的な様相が濃く出ている東平遺跡の3地区では、方形に配列されるような掘立柱建物があって、それそのものが官舎とかではないとは思いますが、郡家に関連する倉庫群とか、またそれに付随する施設だと感じております。そうしたところの柱穴規模や柱穴の形状を見ますと、きちんと計測値を取ってデータを示しているわけではないですが、やはり柱穴が大きくて、四角い形のものがこの官衙的な様相のある遺構群の中では広く認められます。ただ一方で、遺跡から1kmほど離れた、舟久保遺跡という別の例でいくと、柱穴も小さくなったり、柱通りも通りにくくなったりという現象が起きていますので、今頂いたようなご指摘を積極的に検討していく必要があるかと思います。

【小田】 柱穴は格付けというよりも、その柱穴に建てられていた建物の性格に関わってくるというお話だったかと思います。

　もう1つ、東平遺跡について群馬県太田市の小宮俊久さんからご質問です。「東平遺跡3地区のＳＢ39は総柱建物ですか。側柱建物ならば郡家関連建物群とした建物群は郡家関連ではないことも考えられるのではないでしょうか」ということです。このＳＢ39について、お答えをお願いいたします。

【藤村】 125頁図14にお示ししております3地区ＳＢ39は、破線で総柱のように表現していますが、これは本当に何とも言えない検出状況になっております。間仕切りのある側柱建物の可能性も十分考えていく必要があるかなとは思います。ただ、総柱構造ではないからといって、官衙関係建物ではないかと言われると、必ずしもすべての遺跡がそうではないのかなという印象ももっております。東平遺跡の中では少なくともこの辺りの掘立柱建物が傑出した建物規模であったり、柱穴規模、柱穴の形であったりという特徴は間違いないと思います。ですので、そこは官衙的な様相を示す遺構群として認識してよいのではないかと考えております。

【小田】 ありがとうございました。

　ちょうど質問コーナーみたいになっていますので、もう1つ。今度は京都府埋蔵文化財調査研究センターの筒井崇史さんからご質問というか、問題提起があります。桐井さん、名村さんが発表された亀岡盆地川東地区の集落拡大について、「奈良時代の山陰道が川東地区を縦断していたという事実に注目して、飛

鳥時代に遡って古山陰道が設定されたことが集落拡大の背景と考えるものですが、他の地域でも交通路と集落の展開に関連性が見られますか」というご質問と、「こうした重要な交通路の存在が集落の構造に関連するのかどうかうかがいたい」ということです。道上さんからお願いします。

【道上】 道と集落の関係では、河内の事例があります。北岡遺跡では、8世紀中葉頃廂付建物を中心とする屋敷地的建物群と、長舎風建物をともなう官衙的建物群が、いずれも道路に面して営まれます。河内地域の古代道とその周辺の主要な古代集落遺跡を挙げましたが、これらはいずれもやや大きめの建物を含んでいます。北岡遺跡だけでなく羽曳野市伊賀南遺跡など、これらは官衙や首長居宅といったそういうレベルの話になってきますが、一般集落よりも上位の建物群にとって選地の条件となっていた可能性はあります。

【小田】 清水さん、いかがでしょうか。

【清水】 島名熊の山遺跡は、官道からかなり離れたところに立地します。ただ地形だけを見ますと、近くに川がありまして、周辺地域と行き来するには、地理的にはかなり優位な場所で交通の要衝ではあったのかなと考えます。

【馬場】 交通路の変化などがあって、村の内部構造にも影響を与えたとか、そういう要素はありますか。

【清水】 9世紀、10世紀で集落景観が変わるというのも、集落の動線が変わる、道が変わるということが影響の1つとしてはあるのかなと思います。区画というのは見えないので、地表面にあったものでいうと、おそらく道路が区画としては一番機能していたものなのかなと思います。そういうものも空白域を見ながら抽出できればいいなと思っております。

【小田】 藤村さん、どうでしょうか。

【藤村】 発表の中でもお話ししましたとおり、東平遺跡はおそらく推定古代東海道に非常に近接した場所に立地するということがございますので、そうした交通路との関係があると思います。ただ、この富士山周辺の地域でいいますと、東海道だけを見ていてもつまらないのかなと。東海道からさらに山梨のほうへ抜けていく、本来的には東海道の支路である街道は御殿場のほう、富士山の北側を通っていくのですが、それだけでは大変なので、実はこの富士川周辺から北に上っていく中道往還という道も古墳時代以来、

山梨と駿河を結ぶ主要な街道として発展した経緯があります。そうした在地の道も含めて、この東平遺跡という場所に集落が選地されていく鍵になるのかなと思っています。

　また、そうした交通路の存在が集落の構造にどう関連するのかというのも非常に重要なご指摘だと思います。想像を逞しくさせた話になりますが、東平遺跡の方形配列の建物群というのは、北から若干東に振れるような軸を向いております。この周辺では奈良時代から平安時代にかけて条里水田が東南のほう、駿河湾に近い辺りで広がっていくようになりますけれども、その条里水田も沖田遺跡の大畦畔などの発掘例からいきますと、同じような軸になっていきます。それをずっと延長させていくと、駿河湾の縁辺を通っていく東海道の軸線ともほぼほぼ合ってくるのかなという印象をもっておりますので、そうした広大な都市プランというか、地域設計のようなことが8世紀から9世紀にかけておこなわれている可能性というのは考えておく必要があるのかなと思っております。

【馬場】　村落の消長と東海道の付け替えがありますよね、富士山爆発その他、それはもうちょっと時期がずれるということになりますか。

【藤村】　そうですね。9世紀後半の延暦の噴火のときに東海道の付け替えがありまして、東の駿河郡や伊豆国で、富士山東麓の道から箱根の街道に付け替えるという事例があります。ただ、それも火山灰がそれほど広大なものだったのかというのも遺跡の調査例からしっかりわかっているものではありませんし、文献の記述を信じるとすると、すぐ数年後には街道を戻しているという指摘もありますので、その辺り、考古学的な検証の中でちゃんと出てくるのかどうなのかという疑問をもっております。どちらかというと、考古学的には貞観の噴火の後のほうが、集落動態でかなり動くということが山梨や静岡の研究者の中で最近言われていますので、集落論自体でも9世紀後半の画期というのがあるかと思いますが、それがちょうど貞観の噴火の時期と合致しているのは、静岡では示唆的かなという印象をもっております。

【小田】　ありがとうございました。

　今は集落遺跡と交通路という、集落の外側の話でしたけれど、今度は集落を構成する建物群以外の別の要素としまして、例えば集落の耕作地とか生産地の話に進みます。道上さんが下ツ道JCTの事例で、

坂井秀弥先生のご研究を出しながら耕作地との関係をお話しされていたと思います。まず道上さんにそのことをご説明いただいて、今回は建物群がメインではありますが、ではその建物群の周辺に耕作地とかは見えるのか、見えないのかということについて議論したいと思います。

【道上】　耕作地を考える上での話題提供となりますが、下ツ道JCTミノ南地区の3期遺構を取り上げます（32頁図18）。9世紀後半から10世紀において、片廂建物ＳＢ1203を中心にその周囲を溝で区画し、井戸をともないつつ南側に耕作地が展開する、そのような遺構が報告されています。そこで、坂井秀弥先生の古代集落に関する研究を取り上げます（坂井秀弥「庁と館、集落と屋敷－東国古代遺跡にみる館の形成」『城と館を掘る・読む－古代から中世へ－』山川出版社、1994）。鍵となるのが住耕分離型集落から住耕一体型集落への変化です。藤村さんのご報告の中でも坂井先生のお話がありましたが、新潟県一之口遺跡を例とする律令期以後の集落は、掘立柱建物による住居に住み、井戸や耕作地を周囲にともなう屋敷地を形成していきます。それは9世紀中葉から後半頃に成立するのですが、下ツ道JCTミノ南地区の3期の遺構と似通っていることに気付きました。

　たった1つの事例では言えないので、ほかの地域の事例でこういう景観があるのかを聞いてみたいと思っています。

【小田】　時間が少し押してきましたので、どうですか、皆さんの中で耕作地もわかるぞと。今回は建物群を主に分析してくださいとお願いしているので、ちょっと対象外かもしれませんが、どうでしょう。清水さん、島名熊の山遺跡ではまるっと集落を掘っていますけれども、あの中で耕作地とかはどのようにお考えでしょうか。

【清水】　田んぼについては、遺跡の東側にすぐ河川の低地がありますので、そちらのほうに求められるかなと思います。畑になりますと、奈良・平安時代では方形区画がある中央部の西側半分にすごく広い空白地が存在しています（76頁図23）。200年分重ねても竪穴建物が4棟しか見つかっていないというエリアがありますので、こういったところがもしかすると耕作地として想定できるかなとは考えています。遺構としては見つかっていませんが。

【小田】　ありがとうございます。なかなか耕作地につ

146

いては難しいですね。ただ、今回は建物群をメインに集落遺跡について検討していますけれども、やはり建物だけを見るわけではなくて、集落を考える上では耕作地も構成要素の1つとして必要ですので、もしオンラインでお聞きの皆さんの中で、フィールドとしてこの遺跡がいいですよ、という情報がありましたら、事務局まで情報をお寄せいただきたいなと思います。

　では、随分時間が迫ってまいりましたので、まとめに入りたいと思います。今回、古代集落の構造と変遷ということでテーマを設定しまして、特に集落構造をメインに取り上げました。ただ、道上さんの最初の報告でもありましたように、別に集落構造だけをやりますというわけではなくて、集落動態分析も大切で、動態研究と構造研究を総合化して、古代の集落を理解したい、という大きな目標を掲げております。皆さん、今回割と長い時間幅で集落の変遷を見ていただいておりますので、今度はこの変遷、集落動態を踏まえて、集落の構造がどう変わって見えるのか、そういう集落動態の画期と構造の画期のようなものが関わるのかどうかについて、最後に皆さんお一方ずつ聞いていきたいと思います。

【道上】　畿内の古代集落は、広瀬氏が以前から指摘されているとおり、古墳時代と古代で大きく集落の断絶と新たな成立があると言われていて、それが6世紀末、7世紀初頭のことと言われています。最近、私は6世紀後半ぐらいにそういう変化が見出せるのではないかと勝手なことを言っているのですが、そうした集落動態の変動に対して、今回の検討を踏まえると、例えば石榴垣内遺跡のように古墳時代から古代に続く集落で、6世紀後半から7世紀初頭に何か変化があったかと言われれば、竪穴建物から掘立柱建物への変化はありましたが、細々と経営を続けていたということになるかと思います。下田東遺跡に関しても同じですが、下田東遺跡の集落内の区画溝が飛鳥時代のどこかの段階でなくなるという変化があり、集落構造の変化を示すのかもしれません。しかし、大局的な集落動態の変化の影響を必ずしも受けていない在地集団による集落が確かに存在するという点は押さえておきたいと考えています。

【小田】　清水さん、お願いいたします。

【清水】　茨城の状況ということになるかと思いますが、掘立柱建物がともなうかともなわないか、それを1つの基準にすると、律令期には掘立柱建物があっ

て、それ以外の時期はなくなるということで、8世紀代、あるいは10世紀代が画期になるのかなと考えております。

【小田】　京都のお二方にお聞きする前に、ここでもう1つ質問が参りまして、これは大分市教育委員会の長直信さんからです。遺跡の時期認定についての質問です。「八木嶋遺跡は図示された遺物を見るかぎり、6世紀後半とするよりは7世紀前半から中頃の遺跡と見られないでしょうか。全体に6・7世紀の遺物の年代がやや古めなので、動態の評価が変わるのではないでしょうか」とのことです。こちらの質問に答えた後に、集落の動態と構造についてのお話をお願いいたします。

【桐井】　87頁図2右下に八木嶋遺跡の遺物を載せていますが、掘立柱建物群ですので、出土遺物がきわめて貧弱という点が前提としてあります。この遺物も実際に見ましたけれども、かなり細片が多く辛うじて図化できたのがこの遺物ということになります。ですので、まず、土器の口径復元が合っているかどうかというところから、実は見直さないといけないかなと思っています。ですので、杯の口径が小さいから、これは飛鳥時代の真ん中ぐらいだとか、そういう話で時期を決めるのは少し危険かなと思います。実際、図面だけ見ると2期の建物群よりも1期の建物群の方が、何となく新しく見えるなとか、そういうところもあると思うので、総体としてTK217型式の前半くらいかなというぐらいで、漠然とした年代観でとらえておくのが今のところよいかなと考えています。一応、6世紀末から7世紀初頭ということでとらえています。

　集落の構造です。現状の遺跡の範囲から言うと、6世紀後半に遺跡が一旦途絶えて、川東地区に大規模な遺跡が移って、8世紀後半には盆地全体で遺跡が増えると。その段階で手工業生産をするような遺跡とか、篠窯にともなうような遺跡が出てくるという変化があります。ただ、島名熊の山遺跡のお話を聞いていて思ったのですが、私どもが分析した遺跡、84頁図1右上のほうに池尻・時塚・車塚・馬路という近接した4つの遺跡がありますが、これはおそらく熊の山遺跡1つの遺跡と面積が同じぐらいなのではないかと思います。4つの遺跡を足して一緒ぐらいですので、今回の作業を通じて単純にこの遺跡の中だけで消長表を作るというのは果たして正しいのだろうかということを強く思いました。せっかく建物群の

抽出とか分析をしたのですから、建物群ごとの消長表というのが本来はあるべきで、それが1つの集落という単位なのかなと感じました。ですので、200年続く集落があるかといったら、この4つの集落を足すと200年続くというようなことになるかと思います。これは次回以降の課題になるとは思いますけども。

【小田】　では藤村さん、お願いします。

【藤村】　まず消長という意味では、5世紀後半から富士川の旧氾濫原の東の岸辺の、どちらかというと上流に位置する沢東A遺跡に拠点的な機能があったのが、8世紀前葉にはちょっと下流の東平遺跡に移ってまいります。そのときに構造的な変化があるかというと、繰り返しになりますが、竪穴建物が大きいものから小さいものまでいろいろあって建物群を構成していたものが、中型とか小型にある程度まとまってくるという変化が7世紀から8世紀の間に起こっているということが言えます。同時に掘立柱建物の数も8世紀に非常に多くなってくる。これが郡家につながっていくと考えております。

また、8世紀の終わりとか9世紀以降になってきますと、竪穴建物がどんどん小さくなっていくのですが、富士郡全体の集落の中で見渡していきますと、東平遺跡の突出性というのはかなり低下してしまって、郡内の各地に集落が再び勃興してくるという状況になってきます。それが竪穴建物の小型化、均質化する流れとなぜリンクするのかという評価については、まだ課題もあるかと思いますけども、本日はスリム化した世帯が新村開発や開拓などに携わって各地に散らばっていくような流れを想像して発表いたしました。

【小田】　ありがとうございました。

ここまで、皆さんそれぞれの集落分析の結果を踏まえて、構造の変化と、あとは集落の動態との関係ということで、古代集落を考えるシリーズの第1回目として、集落研究の課題と今後の方向性というところについて議論してきたかと思います。今回でもうすべて議論が出尽くして、さっそく新しいモデルができましたということにはまだまだ至っていないのですが、それでも今回新しく、集落の構造を見てみよう、特に建物群に注目してみよう、ということで、広瀬和雄さんをはじめ今までの研究で進められてきたことに比べると、新しい視点が出てきたのかなと感じております。まずは古代集落研究の現状と課題を共有するというのが今回の目的ですので、その目的は達したのか

なと思っています。

今回は1日だけの短縮開催ということで、地域や遺跡が限定されてしまったところがありますので、また次回以降、別の地域で、新しい視点を加えながら研究を進めたいと思っております。論じ残したところは多いと思いますけれども、これからシリーズとして進めていきますので、ここから深めていくことだと思います。道上さんが発表の中で、皆さんと一緒に集落研究をやりたいです、という熱意のこもったコメントがありましたけれども、これは私たち事務局も同じ気持ちですし、やっぱり古代集落遺跡の研究というのは大切だというのは皆さんと共通認識がもてたかと思いますので、これが1つ、今回の結論というか、討論の締めとさせていただきたいと思います。

皆さん、どうもありがとうございました。

【司会】　皆さん、ありがとうございました。閉会にあたりまして、事務局の馬場からご挨拶申し上げたいと思います。よろしくお願いします。

【馬場】　奈文研の馬場でございます。事務局を代表してご挨拶申し上げます。

まず今日4本、大変充実したご報告を頂戴した発表者の皆様、どうもありがとうございました。また、会場およびオンラインからご意見、ご質問、コメントを頂戴した先生方、ありがとうございました。またこの環境下でご参加いただいた皆さんに心より御礼申し上げます。

集落のことはこの研究集会にとって非常に重要なテーマですけれども、あまりにも大き過ぎまして、事務局を山中敏史さんたちから引き継いで以降避けてきた、逃げてきたテーマでした。いよいよ避けられないとなったときに、最初に引き受けた私よりも若い世代が、やはり若さの熱意の塊で始めて、どうなるかと思いきや、このような充実した内容を頂戴できた。また一方、コロナという状況でこれもどうなるかと思いましたが、いろいろと不都合もあったと思います。その点はお詫びしますが、一方で皆さんには一応、内容的には十分なものをお届けできたのではないかと自負しております。今年は1日だけでしたが、また来年度、まだどうなるか予断を許さないですけれども、何とか奈良で開催できたらいいなと、2日間できたらいいなと、皆さんとお会いできたらいいなと思っております。どうかお体にお気をつけてお過ごしいただいて、ますます私どもの研究会、あるいは研究の発展

といったものにご協力いただければと思います。

　では皆様のご多幸とご健康をお祈りして、御礼とでお開きにしたいと思います。どうもありがとうございました。(拍手)

註
（1）研究集会当日の名村・桐井報告では、建物群の認識単位として「ユニット」との概念を提示し、討論中で

も言及した。しかし、研究集会での議論を経て、建物群のあり方について執筆者の間で議論を重ねる中で、報告時とは異なる検討結果に至った。本書論文中では「ユニット」という構想を再考し、改めて建物群を分類しており「ユニット」の語は使用していない。報告時に「ユニット」や、「ユニット」の集まりととらえていた建物群は、「A類建物群」・「B類建物群」・「C類建物群」として、独立した建物群の単位と考えている（本書94〜96頁参照）。

図1　討論の様子

研究集会参加者（五十音順）

相原嘉之	青木聡志	赤川正秀	朝田公年	浅野啓介	安達訓仁	渥美賢吾
雨森智美	荒井秀規	安間拓巳	家原圭太	猪狩みち子	池澤俊幸	石松智子
磯久容子	市川 創	出浦 崇	伊藤淳史	稲本悠一	今泉 潔	上田 真
江口 桂	及川謙作	大澤正吾	大橋泰夫	大村浩司	小川真理子	押井正行
押木弘己	小田裕樹	勝又直人	神谷佳明	亀田修一	川尻秋生	神所尚暉
木原高弘	木村靖子	木村啓章	桐井理揮	熊谷葉月	黒済和彦	黒済玉恵
鯉沼智博	小宮俊久	小屋亮太	齋藤 葵	齋部麻矢	坂井秀弥	坂井田端志郎
佐々木英二	佐々木義則	佐藤敏幸	佐藤雄一	佐藤祐樹	佐野郁乃	佐野智美
鮫島えりな	塩見恭平	志賀 崇	重藤輝行	重見 泰	志崎江莉子	澁谷健司
島袋未樹	清水 哲	新尺雅弘	鈴木一議	清野陽一	田尾誠敏	髙岡桃子
高橋 香	高橋千晶	高橋 透	高橋人夢	武田寛生	田中秀弥	田中弘樹
田中弘志	知久裕昭	長 直信	筒井崇史	永井邦仁	中村信幸	名村威彦
西山良平	新田宏子	根本 佑	箱崎和久	服部一隆	馬場 基	林 正之
林 正憲	日紫喜勝重	平岩俊哉	平野吾郎	廣瀬 覚	藤木 海	藤村 翔
古川 匠	堀 寛之	堀内和宏	松﨑大嗣	松島隆介	松葉竜司	丸杉俊一郎
道上祥武	皆川貴之	箕浦 絢	三舟隆之	宮田浩之	三好清超	森岡秀人
山口 亨	山崎 健	山崎頼人	山本輝雄	山元敏裕	山元瞭平	吉田東明
吉田真由美	李 陽浩	渡部敦寛	渡邊理伊知			

これまでに開催した研究集会

第1回 **律令国家の地方末端支配機構をめぐって** 1996年12月
（『律令国家の地方末端支配機構をめぐって―研究集会の記録―』1998年3月刊）

第2回 **古代の稲倉と村落・郷里の支配** 1998年3月
（『古代の稲倉と村落・郷里の支配』1998年12月刊）

第3回 **古代豪族居宅の構造と類型** 1998年12月

第4回 **郡衙正倉の成立と変遷** 2000年3月
（『郡衙正倉の成立と変遷』2000年12月刊）

第5回 **鈴帯をめぐる諸問題** 2000年11月
（『鈴帯をめぐる諸問題』2002年3月刊）

第6回 **古代官衙・集落と墨書土器―墨書土器の機能と性格をめぐって―** 2002年1月
（『古代官衙・集落と墨書土器―墨書土器の機能と性格をめぐって―』2003年3月刊）

第7回 **古代の陶硯をめぐる諸問題―地方における文書行政をめぐって―** 2003年3月
（『古代の陶硯をめぐる諸問題―地方における文書行政をめぐって―』2003年12月刊）

第8回 **駅家と在地社会** 2003年12月
（『駅家と在地社会』2004年12月刊）

第9回 **地方官衙と寺院―郡衙周辺寺院を中心として―** 2004年12月
（『地方官衙と寺院―郡衙周辺寺院を中心として―』2005年12月刊）

第10回 **在地社会と仏教** 2005年12月
（『在地社会と仏教』2006年12月刊）

第11回 **古代豪族居宅の構造と機能** 2006年12月
（『古代豪族居宅の構造と機能』2007年12月刊）

第12回 **古代地方行政単位の成立と在地社会** 2007年12月
（『古代地方行政単位の成立と在地社会』2009年1月刊）

第13回 **官衙と門** 2009年12月
（『官衙と門』2010年12月刊）

第14回 **官衙・集落と鉄** 2010年12月
（『官衙・集落と鉄』2011年12月刊）

第15回 **四面廂建物を考える** 2011年12月
（『四面廂建物を考える』2012年12月刊）

第16回 **塩の生産・流通と官衙・集落** 2012年12月
（『塩の生産・流通と官衙・集落』2013年12月刊）

第17回 **長舎と官衙の建物配置** 2013年12月
（『長舎と官衙の建物配置』2014年12月刊）

第18回 **宮都・官衙と土器（官衙・集落と土器1）** 2014年12月
（『官衙・集落と土器1―宮都・官衙と土器―』2015年12月刊）

第19回 **宮都・官衙・集落と土器（官衙・集落と土器2）** 2015年12月
（『官衙・集落と土器2―宮都・官衙・集落と土器―』2016年12月刊）

第20回 **郡庁域の空間構成** 2016年12月
（『郡庁域の空間構成』2017年12月刊）

第21回 **地方官衙政庁域の変遷と特質** 2017年12月
（『地方官衙政庁域の変遷と特質』2018年12月刊）

第22回 **官衙・集落と大甕** 2018年12月
（『官衙・集落と大甕』2019年12月刊）

第23回 **灯明皿と官衙・集落・寺院** 2019年12月
（『灯明皿と官衙・集落・寺院』2020年12月刊）

第24回 **古代集落の構造と変遷（古代集落を考える1）** 2020年12月
（『古代集落の構造と変遷1』2021年12月刊）

発行：(株) クバプロ 〒102-0072 東京都千代田区飯田橋3-11-15 6F
TEL：03-3238-1689 FAX：03-3238-1837 URL: http://www.kuba.co.jp/ E-mail: book@kuba.jp

クバプロ

第24回 古代官衙・集落研究会報告書
古代集落の構造と変遷1

発 行 日 2021年12月17日
編 集 独立行政法人 国立文化財機構 奈良文化財研究所
〒630-8577 奈良市二条町2-9-1
発 行 株式会社 クバプロ
〒102-0072 東京都千代田区飯田橋3-11-15 6F
印 刷 株式会社 大應
〒101-0047 東京都千代田区内神田1-7-5

ISBN978-4-87805-167-8 C3020